Delphine O

La diplomatie féministe est un sport de combat

Les droits des femmes, un enjeu mondial

Préface du Dr Mukwege

TALLANDIER

48, rue du Faubourg-Montmartre – 75009 Paris
www.tallandier.com

À mon père, Dr Yong-sok O.

Mon Papa,
Comme toujours, tu avais raison.
Tu savais que j'allais écrire ce livre,
et d'autres encore. De là-haut,
je t'entends sourire : « C'est bien, ma fille ».
Tu me manques.

Chaque jour, tu marches avec nous.

Préface

« Les femmes sont l'espoir de l'humanité »

Tout comme Delphine O, je ne suis pas né féministe, je le suis devenu.

Mes activités de gynécologue obstétricien à l'est de la République démocratique du Congo (RDC) m'ont amené à être, malgré moi, le témoin des injustices et des violences faites aux femmes, et à devenir un défenseur des droits des femmes, car il s'agit avant tout d'une lutte pour l'égalité et la dignité humaine.

Mais, contrairement aux idées reçues, les femmes ne sont pas passives dans la défense de leurs droits. Lorsqu'elles s'engagent, elles sont des guerrières farouches qui luttent bec et ongles pour arracher leurs droits et défendre ceux des autres. J'en ai moi-même été le témoin et l'heureux bénéficiaire. En 2012, j'ai été victime d'une agression grave et mes filles ont été prises en otage par une bande armée. Nous avons survécu mais n'ayant plus d'espoir dans mon pays, je suis parti vivre aux États-Unis avec ma famille. Un mois plus tard, les femmes congolaises de l'île d'Idjwi ont écrit au président de la République démocratique du Congo pour demander le retour de « leur médecin ». Sans réponse de sa part, elles se sont ensuite adressées au secrétaire général des Nations unies. Ces femmes, qui mènent une vie rurale et démunie et qui n'ont pas bénéficié d'une éducation, ont pourtant montré une détermination exceptionnelle. Une fois de plus, leur demande est restée sans réponse… Elles ont alors eu l'idée de faire un sit-in devant l'hôpital où elles vendaient des fruits et des légumes. Ces femmes, qui gagnent moins de 1 dollar par jour pour vivre, déposaient chaque vendredi 50 dollars à l'hôpital afin de financer mon billet retour vers la RDC ! Cet acte était si héroïque que j'ai pris la décision de revenir au bout de trois mois. Voici ce qu'elles m'ont dit à mon retour : « Docteur, on fera des patrouilles autour de ta maison jour et nuit et avant que quelqu'un ne puisse t'atteindre, il devra marcher sur 25 femmes ». Leur courage était tel que je ne pouvais que les soutenir. Ces femmes sont l'espoir de mon pays, de notre continent. Les femmes sont l'espoir de l'humanité.

Le livre que vous tenez entre les mains tombe à pic. La communauté des États célébrera cette année le 75e anniversaire de la Déclaration universelle des droits de l'Homme (DUDH), dont le fondement est l'égalité et la non-discrimination entre les femmes et les hommes.

Des décennies de militantisme, couronnées par les grandes conférences des Nations unies pour faire avancer l'égalité de genre dans les années 1970, 1980 et 1990, ont engendré des acquis sans précédent dans l'histoire de l'humanité. Les droits des femmes sont devenus des « droits humains », pour reprendre la célèbre expression d'Hillary Clinton : des droits universels, reconnus et protégés par le droit international.

Pourtant l'apparent consensus autour de ces droits s'est révélé une illusion ; ces acquis importants mais fragiles ont vite été remis en cause. Les attentats du 11-Septembre ont provoqué une onde de choc qui a miné le multilatéralisme et malmené les fondements de la démocratie. Les droits des femmes – le droit à disposer de son corps, le droit à participer à la vie publique et économique, à vivre une vie libre de violences – sont menacés aussi bien dans les pays les plus économiquement avancés que dans le reste du monde. Ce recul s'explique en grande partie par la montée en puissance des mouvements conservateurs et religieux qui font la promotion du retour au patriarcat, source de tant de souffrances, d'exclusion et de discriminations, et des valeurs familiales traditionnelles, qui relèguent les femmes à un rôle de mère au foyer et de citoyenne de seconde zone.

En avril 2021, invité à un débat ouvert par l'Allemagne, qui présidait alors le Conseil de sécurité des Nations unies pour l'adoption d'une nouvelle résolution dans le cadre de l'agenda « Femmes, Paix et Sécurité », je plaidais pour mettre fin à la culture de l'impunité, pour davantage de redevabilité de la part des États et pour que le modèle de prise en charge holistique que nous avons développé à l'hôpital de Panzi soit reconnu comme un droit humain à la réhabilitation pour toutes les survivantes des violences sexuelles liées aux conflits. Une alliance inédite et contre-nature s'est nouée entre les États-Unis – sous l'administration Trump –, la Chine et la Russie, qui ont menacé de veto la résolution qui contenait l'expression « droits sexuels et reproductifs ». Nous avons tenu une réunion d'urgence avec les autres représentants des pays membres du Conseil. Malgré l'expérience des diplomates en poste, aucune marge de négociation n'était possible. Des droits fondamentaux reconnus dans des traités internationaux étaient remis en cause pour des raisons purement idéologiques !

Dans ce contexte, une vigilance de tous les instants, partout, par chacune et chacun d'entre nous, y compris par les chefs d'État et le monde diplomatique, s'impose. Telles sont les raisons pour lesquelles nous soutenons pleinement les efforts des pays qui développent une diplomatie féministe. Le concept, adopté pour la première fois en Suède en 2014, a fait du chemin. Même les pays du G7 ont mis l'égalité de genre, les droits des femmes et la lutte contre les violences sexuelles et sexistes à leur agenda, aux côtés des préoccupations financières et stratégiques. En effet, l'égalité entre les femmes et les hommes est non seulement un enjeu de droits humains, mais aussi un prérequis indispensable pour parvenir au progrès économique et à la justice sociale. La diplomatie féministe est donc intimement liée à un principe de réalité : investir dans les femmes, c'est investir dans le futur et dans un progrès partagé. Placer les droits des femmes au cœur de l'action internationale, notamment dans le cadre de la coopération au développement, du commerce extérieur ou de la paix et de la sécurité internationales, est incontournable. Pour mettre en œuvre ces politiques progressistes, tous les acteurs doivent contribuer : pouvoirs publics, organisations internationales, société civile, secteur privé.

Le chemin à parcourir est encore long et l'Histoire nous montre que le progrès se fait souvent en dents de scie. Mais mon expérience m'a appris que la force des femmes est incommensurable et que leur leadership peut transformer la société et contribuer à un monde meilleur. Les hommes aussi devront faire partie de la solution et développer une masculinité positive pour faire émerger une nouvelle génération pour laquelle l'égalité et les droits des femmes sont une évidence, la « Génération Égalité ».

Je gage que le livre de Delphine O, que j'ai rencontrée en 2021 à l'occasion du Forum Génération Égalité et qui travaille inlassablement pour défendre les droits des femmes, contribuera à ce changement de paradigme qui est vital pour le futur de l'humanité et de la planète.

Dr. Denis Mukwege
Prix Nobel de la paix 2018

Introduction

À l'été 2013, j'ai vécu et travaillé quelques mois en Afghanistan. Alors étudiante en master de politiques publiques à Harvard, je ne m'intéressais pas particulièrement aux droits des femmes. Je voulais faire carrière aux Nations unies et travailler dans la résolution de conflits. Lors d'un cours dédié au rôle joué par les femmes dans la construction de la paix, j'ai rencontré une poignée de militantes afghanes engagées pour la reconstruction de leur pays et j'ai décidé par la suite – probablement sans bien prendre la mesure de ma décision – d'effectuer mon stage d'été en Afghanistan. À 27 ans, j'avais déjà voyagé sur quelques continents mais je ne m'étais jamais rendue dans un pays en guerre. Je ne connaissais rien de l'Afghanistan, à l'exception des images de Ben Laden et des taliban, de l'opération militaire de l'OTAN en 2001 et… des femmes en burqas.

Au cours de ce stage au sein d'ActionAid, une ONG internationale spécialisée dans l'accès à l'alimentation, à l'éducation et aux droits des femmes, j'ai été chargée de rédiger le rapport d'évaluation d'un programme gouvernemental intitulé National Solidarity Programme (NSP – Programme de solidarité nationale). Lancé en 2011, celui-ci avait pour objectif de développer des institutions locales démocratiquement élues, responsables de la planification et de la gestion des projets de (re)construction dans les villages. Ces institutions, les Community Development Councils (CDC – conseils de développement communautaire), constituaient une première tentative pour faire émerger une démocratie locale et étaient dotées des attributions de nos conseils municipaux. Ces conseils présentaient une particularité notable : ils devaient être mixtes. Pour la première fois dans l'histoire de l'Afghanistan, une instance politique locale serait pour moitié composée de femmes.

Durant trois mois, j'ai sillonné une partie de l'Afghanistan pour aller à la rencontre des femmes et des hommes élus dans ces conseils locaux et pour comprendre dans quelle mesure la participation inédite des femmes à la vie « politique » locale avait changé les choses sur le terrain. Les femmes avaient-elles vraiment voix au chapitre dans ces conseils municipaux où elles ne pouvaient siéger que dans une pièce séparée des hommes ? Comment leur « prise de pouvoir », dans un contexte sociétal et religieux où elles étaient encore largement considérées comme des citoyennes de seconde zone, était perçue par les hommes ? Pour une grande majorité d'entre elles, ces Afghanes n'étaient pas allées au-delà de l'école primaire et avaient été cantonnées toute leur vie aux tâches domestiques. À défaut d'une révolution dans les pratiques du pouvoir, l'entrée des femmes dans ces institutions publiques avait-elle déclenché une révolution des consciences ? Les réponses que j'avais pu rassembler dans la vingtaine de villages où j'avais interrogé les femmes et les hommes du CDC permettaient de dresser un bilan très mitigé. Dans de nombreux villages, la promesse d'empouvoirement n'avait pas été réalisée : certaines des femmes choisies l'avaient été pour leur lien de parenté avec les dignitaires locaux, qui leur dictaient les décisions à prendre ; d'autres étaient court-circuitées, voire empêchées de se réunir, par les hommes.

Pour la première fois, j'ai été confrontée à des situations d'inégalités choquantes, de négation des droits fondamentaux, d'injustices bouleversantes, mais aussi à la puissance du combat mené par les femmes. Certaines de ces Afghanes, qui m'accueillaient toujours chaleureusement dans leurs foyers ou sur la place du village, étaient impressionnantes de courage, de résilience, d'intelligence et d'opiniâtreté. Je me souviens de l'une d'entre elles me disant : « Toute ma vie, on m'a traitée comme un animal. Grâce à l'expérience du CDC, j'ai réalisé que j'étais un être humain. » À Kaboul et Bamyan, dans les provinces autour de Balkh, Mazar-e Charif et Cheberghan, j'ai fait l'expérience, pour la première fois de ma vie, de la sororité. Ces femmes me traitaient comme l'une des leurs – peu importe mon lieu de naissance, ma nationalité, ma langue, ma culture, je partageais cette expérience universelle, de grandir en tant que femme au sein de la société. Cette expérience unique ne m'a plus quittée depuis mon retour d'Afghanistan.

Dix ans plus tard, j'écris ce livre sur les droits des femmes dans le monde. Hasard ou destin ? En 2019, j'ai été nommée ambassadrice en charge de l'égalité entre les femmes et les hommes au ministère de l'Europe et des Affaires étrangères, par le président de la République Emmanuel Macron et le ministre Jean-Yves Le Drian. Les droits des femmes n'étaient pas mon domaine d'expertise, mais depuis 2013, mon féminisme a grandi, s'est déployé et affirmé au gré de mes lectures, de mes rencontres et de mes expériences personnelles et professionnelles. Élue pendant deux ans à l'Assemblée nationale, j'ai pu mesurer à la fois le chemin parcouru, avec un pourcentage record de femmes députées en 2017 (38,8 %), et le chemin qui reste à parcourir, pour que les femmes au pouvoir soient écoutées, prises au sérieux, valorisées, et même promues. J'ai rejoint le Quai d'Orsay investie d'une mission spécifique : organiser un grand sommet international sur les droits des femmes, qui a eu lieu à Paris sous l'égide de l'ONU Femmes* en 2021. Ce livre s'appuie sur mon expérience des quatre dernières années en tant que diplomate française aux premières loges de l'offensive réactionnaire tous azimuts des États et organisations conservatrices dans les enceintes multilatérales. Témoin direct ou indirect des événements décrits dans ce livre, j'ai rencontré certaines activistes dont j'ai choisi de décrire le combat, et j'ai participé à la mise en œuvre de la diplomatie féministe française.

Pourquoi un livre sur la géopolitique des droits des femmes ? Les études de genre sont désormais installées dans le paysage éditorial, et les publications féministes de plus en plus nombreuses. Mais elles sont rares à adopter un angle international, et encore plus rares à faire le lien entre droits des femmes et géopolitique. C'est l'objet de la diplomatie féministe, un concept récent des relations internationales, qui vise à prioriser l'égalité de genre* dans l'action extérieure des États et à s'assurer que les droits des femmes soient traités comme un objet géopolitique, c'est-à-dire un élément déterminant de la politique étrangère. Adopter cet angle géopolitique dans une étude féministe, cela revient à se poser les questions suivantes : quel est le lien entre la politique étrangère des États-Unis sous la présidence de Donald Trump et la remise en cause du droit à l'avortement dans le monde, en Pologne, en Hongrie et ailleurs ? Pourquoi un pays comme la Corée du Sud a-t-il élu en 2022 un président qui a promis de supprimer le ministère des Droits des femmes et fait campagne en tenant des propos ouvertement misogynes ? Quel est l'impact de la guerre sur les Ukrainiennes ? Comment les militantes écoféministes au Salvador, à Madagascar et en Amazonie font converger leur engagement pour la protection de la planète avec leur combat contre les violences faites aux femmes ?

D'un point de vue historique, il a fallu plusieurs décennies pour que les droits des femmes soient perçus comme un enjeu global. Dans les années 1980 et 1990, les mesures pour l'égalité entre les femmes et les hommes* avaient pour but de contribuer au développement des sociétés, qui ne peuvent se priver de la moitié de leur population. Puis au début des années 2000, avec l'émergence du concept de développement durable*, la participation des femmes dans tous les domaines de la société a été promue comme un élément indispensable d'un développement respectueux de la planète et de la stabilité des institutions. La réalisation de l'égalité des sexes* et l'autonomisation des femmes constitue officiellement un Objectif de développement durable (ODD*) parmi les 17 ODD que s'est fixés la communauté internationale en 2015 dans l'Agenda 2030.

Le sujet « droits des femmes » est encore trop peu traité comme un enjeu de sécurité dans les relations internationales. Pourtant, la notion de « sécurité humaine », connue depuis les années 1990, permet d'élargir la définition traditionnelle de la sécurité dans les relations internationales, au-delà de la sécurité physique des personnes et des biens. La sécurité humaine cherche à englober tous les types d'insécurité qui peuvent être facteurs sous-jacents de conflit : insécurité économique (pauvreté, inégalités d'accès et de contrôle des ressources économiques), insécurité environnementale (catastrophes naturelles, épuisement des ressources), insécurité alimentaire (insuffisances ou ruptures d'approvisionnement), insécurité sanitaire (épidémies et pandémies) et insécurité institutionnelle (absence ou fragilité des systèmes démocratiques). Selon l'ONU, une politique de sécurité humaine[1] vise à la fois à protéger les populations de ces insécurités et les autonomiser pour y faire face.

Ce livre a pour but de décrire le combat diplomatique de haute intensité qui se joue en coulisses de l'actualité internationale autour de la liberté des femmes, les moyens et instruments déployés par les États, les alliances nouées parfois contre toute attente et le rôle des organisations non gouvernementales, souvent à caractère religieux. Autour de la question des droits des femmes, et plus généralement des droits humains, se joue bien sûr un combat pour les valeurs, mais aussi pour la démocratie. La résilience des démocraties libérales face au modèle proposé par des pays autocratiques comme la Russie, la Chine, la Turquie ou d'autres est un enjeu central de sécurité. Elle se fonde sur un système d'élections libres, mais aussi sur la capacité collective à défendre les libertés fondamentales (d'expression, d'association, de réunion, de manifestation, de syndicalisation) et les minorités les plus vulnérables. Elle s'incarne dans la lutte contre toutes les inégalités, et donc les inégalités de genre. Face à l'ampleur des inégalités et des discriminations persistantes subies par les femmes dans le monde, il est impératif de mettre en lumière les nombreuses solutions inventées sur le terrain par les actrices et acteurs de l'égalité, qu'ils soient associatifs, étatiques ou privés, locaux, nationaux ou internationaux. Ces solutions sont les plus efficaces lorsqu'elles associent plusieurs types d'acteurs, comme c'est le cas des coalitions lancées au Forum Génération Égalité. Elles exigent un niveau considérable d'ambition et de volonté politiques, et des financements importants pour être mises en œuvre.

Pour illustrer l'envergure des problèmes et les solutions apportées, j'ai fait le choix de certaines thématiques et certaines zones géographiques. Parmi tous les « champs de bataille » où se joue le combat pour les droits des femmes, j'en ai choisi trois : la liberté à disposer de son corps, la place des femmes dans les conflits et le rôle des femmes dans la protection de l'environnement. Ces trois thématiques mettent en lumière à la fois les violations des droits que subissent encore des millions de femmes dans le monde, et le rôle d'actrices du changement qu'elles peuvent endosser. Sur le plan géographique, j'ai également choisi de valoriser certaines situations et certains continents moins connus du grand public, où se jouent pourtant des combats historiques pour freiner les tentatives de recul. L'actualité internationale nous offre – hélas – de trop nombreux exemples de violations des droits humains fondamentaux des femmes. Depuis le 15 août 2021, le retour au pouvoir des taliban en Afghanistan a signé un « arrêt de mort public » pour les femmes afghanes. En moins de deux ans, les interdictions se sont multipliées, forçant chaque jour davantage les femmes à se retirer de l'espace public et à abandonner toute participation à la vie du pays : interdiction d'être scolarisées au-delà de l'école primaire ; interdiction de poursuivre des études universitaires ; interdiction pour les présentatrices télé de se présenter à visage découvert ; interdiction de travailler pour des ONG étrangères et pour les Nations unies ; interdiction de sortir, d'utiliser les transports publics et de se trouver dans une voiture sans un *mahram* (membre masculin de la famille) ; port de la burqa obligatoire… C'est une véritable ségrégation des sexes qui s'instaure, deux décennies après l'intervention de l'OTAN et l'ouverture du pays au monde.

En Iran, le meurtre de Mahsa Amini, jeune femme kurde de 22 ans battue à mort par la police des mœurs pour un voile mal porté en septembre 2022, a déclenché un mouvement de révolte inédit dans l'ensemble du pays. Au son de « Femme, Vie, Liberté », ce mouvement a rallié toutes les générations, classes sociales et minorités ethniques iraniennes. Les nombreuses manifestations, où les jeunes Iraniennes et Iraniens se sont mobilisés en première ligne, ont entraîné une vague de répression sans précédent de la part du régime. Selon Human Rights Watch, « les autorités iraniennes ont arrêté plus de 15 000 manifestants, détenant des milliers d'entre eux dans des prisons surpeuplées et les privant de leurs droits à une procédure régulière[2] ». Plus de

500 manifestants ont été tués par les forces de l'ordre et au moins 582 personnes ont été exécutées en 2022, une augmentation effrayante des mises à mort dénoncée par la communauté internationale et le Haut-Commissariat aux droits de l'Homme de l'ONU. Plus récemment, une inquiétante vague d'empoisonnements de jeunes et très jeunes filles, collégiennes et lycéennes, est attribuée au gouvernement, qui aurait l'intention de terroriser et dissuader les Iraniennes tentées de s'opposer au régime.

Ces deux exemples sont néanmoins moins liés à une dynamique globale de poussée du conservatisme qu'à un contexte national. Les taliban, isolés sur la scène internationale, ne sont pas reconnus par la plupart des pays du monde et ne sont pas représentés à l'ONU ni dans aucune organisation multilatérale ; ils ne sont pas en mesure de peser sur l'agenda international. Le cas iranien est différent : la République islamique, malgré son exclusion du bureau de la Commission de la condition de la femme* en décembre 2022, conserve son siège dans les organes des Nations unies mais y dispose d'une influence limitée. De plus, on ne peut véritablement évoquer de « modèle » taliban ou iranien qui chercherait – ou réussirait – à influencer d'autres pays. Même l'Organisation de la coopération islamique, qui regroupe 57 pays musulmans, a condamné les mesures discriminatoires à l'encontre des femmes afghanes en matière d'éducation. Malgré un soutien géopolitique relatif de la Russie et la Chine, l'Iran n'est pas considéré comme un exemple à suivre dans sa propre région, ni dans le monde musulman.

Ce livre ne recensera pas la totalité des situations nationales où les droits des femmes sont bafoués, ce qui relevait d'une entreprise encyclopédique. Il lèvera le voile en revanche sur l'inquiétante montée en puissance de mouvements conservateurs, réactionnaires, qui prônent le retour à une société fondée sur les « valeurs familiales » et le patriarcat, et leurs succès électoraux dans des démocraties libérales. Il s'intéressera aux manœuvres d'influence de ces gouvernements antiféministes issus de divers continents qui font alliance au sein du système des Nations unies pour faire reculer les droits des femmes. Ce mouvement international, qui mène une vraie « guerre culturelle » contre la libération des femmes, est surnommé le *backlash*. Bien financé, il s'organise au-delà des frontières et des religions pour peser dans les négociations internationales et a d'ores et déjà engrangé de nombreux succès. Face à cette offensive réactionnaire, la diplomatie féministe constitue une réponse solide qui s'incarne dans des initiatives gouvernementales, mais aussi des alliances avec des acteurs de la société civile. Pour celles et ceux qui la pratiquent au quotidien comme moi, c'est « un sport de combat ».

1.

Les ligues féministes, premières actrices géopolitiques

Il est difficile de dater le début des grands combats féministes à l'international. Chaque continent, chaque pays peut retracer l'histoire de personnalités, mythiques ou réelles, et de mouvements qui ont milité pour l'égalité entre les femmes et les hommes* depuis des siècles. Les mouvements de femmes ont toujours participé aux grandes luttes sociales et politiques pour l'acquisition des droits fondamentaux, tels que la liberté d'expression, la liberté d'association et de réunion, la liberté de manifester, bien que leur rôle ait souvent été invisibilisé ou écarté de l'histoire officielle de ces luttes. Il faut attendre le début du XXe siècle pour que des associations de femmes se fédèrent par-delà les frontières pour constituer un front commun, notamment sur le continent européen. Ces fédérations internationales, qui se constituent à partir de chapitres nationaux, militent pour l'égalité en droits : droits politiques (droit de vote, droit de se présenter aux élections), droits économiques (droit de posséder un bien, droit d'ouvrir un compte en banque, droit d'exercer toutes les professions), droits sociaux (droit à l'éducation primaire et secondaire, droit d'étudier dans toutes les filières, droit au divorce, autonomie juridique par rapport au père ou au mari...). On peut citer, parmi ces mouvements de femmes qui se constituent par-delà les frontières et qui bâtissent l'avant-garde féministe dès la seconde moitié du XIXe siècle, le Conseil international des femmes (1888), l'Alliance internationale des femmes (1904), la Fédération internationale des femmes d'affaires et de professions libérales (Business and Professional Women, 1919), la Fédération internationale des femmes diplômées des universités (1919) ou encore la World Young Women's Christian Association (1855).

Au début du siècle, les femmes se constituent également en ligues transnationales dont l'objectif n'est pas d'obtenir seulement des droits, mais aussi de peser sur la politique internationale et les décisions prises par les gouvernements, composés presque exclusivement d'hommes. Cette période de construction d'un nouvel ordre international est parcourue par l'émergence d'une pensée et d'un courant pacifistes, qu'on ne peut dissocier de la naissance du communisme et du refus affiché des guerres, considérées comme l'expression du capitalisme et des intérêts privés. Les fédérations de femmes, pour une bonne partie, rejoignent cette mouvance pacifiste. C'est la première incursion structurée des mouvements féministes dans les relations internationales, avec l'organisation de grandes conférences et de manifestations, la publication de pamphlets et de déclarations anti-guerre et la distribution de tracts. En 1915, moins d'un an après le début de la Première Guerre mondiale, se tient à La Haye le Congrès international des femmes pour la paix, qui rassemble plus d'un millier de féministes pacifistes venues d'Allemagne, de Belgique, du Royaume-Uni, des États-Unis, de Hongrie, de Suède, de Norvège et des Pays-Bas. Le congrès se positionne contre la guerre qui fait rage sur le continent européen, à l'opposé d'autres organisations féministes qui soutiennent l'effort de guerre de leurs gouvernements respectifs, et les déléguées travaillent à formuler des propositions pour éviter de futures guerres.

De ce congrès naît quatre ans plus tard la Ligue internationale des femmes pour la paix et la liberté, lancée à Zurich en mai 1919, alors que s'est achevée la Première Guerre mondiale et que se négocie dans les couloirs des chancelleries le futur traité de Versailles. Ce deuxième rassemblement dénoncera d'ailleurs les clauses du traité, perçues comme des mesures de « vengeance » des vainqueurs à l'égard des vaincus, susceptibles de semer les graines d'une prochaine guerre. La Ligue des femmes pour la paix s'installe à Genève en même temps que la nouvelle Société des Nations, née du traité de Versailles et censée promouvoir et maintenir la paix entre les États afin d'éviter une nouvelle hécatombe en Europe. D'une certaine manière, on peut considérer que la création de la Ligue et ses activités constituent l'entrée officielle des mouvements féministes dans la géopolitique. L'objectif poursuivi par la Ligue est très clair : « rassembler des femmes d'horizons et de milieux différents pour étudier et faire connaître les causes des guerres et travailler à l'instauration d'une paix permanente ». Mais le lien est ténu entre les revendications géopolitiques de la Ligue (faire pression sur les États pour qu'ils refusent la guerre, soumettre des propositions pour mettre en place les conditions de la paix) et les revendications directement liées aux droits des femmes : la Ligue se contente d'appeler à l'octroi du droit de vote aux femmes, dès son congrès fondateur de La Haye, afin que celles-ci puissent porter au pouvoir des partis politiques pacifistes. Si les femmes sont donc devenues des actrices de la géopolitique, il n'y a pas encore de géopolitique des droits des femmes, au sens où la question de l'égalité de genre* n'est pas un objet de négociation, ni même d'intérêt pour les acteurs de la politique internationale.

2.

Les droits des femmes dans le droit international

Il faut attendre la seconde moitié du XXe siècle pour que les droits des femmes deviennent progressivement un sujet de discussions entre États. Au sortir de la Seconde Guerre mondiale, la Déclaration universelle des droits de l'Homme est adoptée par les 48 États membres de la toute nouvelle Organisation des Nations unies[1]. Ce texte fondateur ne contient qu'une seule mention, dans son préambule, de l'« égalité des droits des hommes et des femmes », en référence à la Charte des Nations unies[2]. Aucun des 30 articles de la Déclaration ne revient spécifiquement sur les droits des femmes. Pourtant, plusieurs femmes ont joué un rôle essentiel dans l'adoption de ce document historique, à commencer par Eleanor Roosevelt, diplomate, militante féministe et antiraciste, et épouse du président Franklin D. Roosevelt. Représentante du gouvernement américain auprès des Nations unies, elle est nommée présidente du comité de rédaction de la Déclaration et supervise à ce titre tout le processus d'adoption et de rédaction de celle-ci. Activiste de longue date, membre de la League of Women Voters et de l'International Congress of Women Workers, engagée pour de meilleures conditions de travail pour les femmes et pour le droit de vote, elle est unanimement reconnue comme une des inspiratrices du texte final de la Déclaration.

D'autres femmes[3], dont l'Histoire a oublié la contribution, représentaient leur pays lors des discussions aux Nations unies et ont dû exercer une vigilance permanente pour éviter que la Déclaration ne reproduise des formulations sexistes. Minerva Bernadino, déléguée de la République dominicaine et une des quatre femmes représentant l'Amérique latine (avec le Brésil, le Mexique et l'Uruguay), se battit pour l'inclusion de la référence à l'égalité des droits dans le préambule, malgré l'opposition de l'Arabie saoudite – qui s'abstint lors du vote pour l'adoption du texte. De même, ce n'est qu'après de nombreuses heures de débat que le mot anglais *man* (souvent employé pour désigner les êtres humains, de même que le mot « Homme » avec une majuscule en français) fut remplacé par *everyone* (tout le monde) ou *human beings* (les êtres humains), car certains pays auraient pu interpréter le mot *man* de façon restrictive et considérer que le texte ne s'appliquait qu'aux personnes de sexe masculin. Dans le texte français, la formulation utilisée est alternativement « toute personne » ou « tout individu ». Ainsi, il fallut toute la pugnacité de certaines déléguées, et notamment de Hansa Mehta, déléguée indienne et militante des droits des femmes en Inde, pour remplacer la formulation « Tous les Hommes sont nés libres et égaux en droits » dans l'article premier par « Tous les êtres humains » (*« All human beings »* au lieu de *« All men »* en anglais).

Après l'adoption de la Déclaration universelle des droits de l'Homme en 1948, il faudra attendre presque trois décennies pour que les États membres des Nations unies se rassemblent pour examiner, débattre et adopter une convention internationale portant spécifiquement sur les droits des femmes. La décennie des années 1960 voit pourtant, à la suite de la Déclaration, l'adoption d'une série de textes normatifs relatifs aux droits humains*, centrés sur les droits politiques et économiques, mais « aveugles » aux spécificités des inégalités de genre. La Convention internationale pour l'élimination de toutes les formes de discrimination raciale (1965), le Pacte international relatif aux droits civils et politiques (1966) et le Pacte international relatif aux droits économiques, sociaux et culturels (1966) sont successivement adoptés par les Nations unies. Les deux derniers textes sont une traduction « avec force de loi » de la Déclaration universelle, et lient les États qui s'engagent à faire respecter le droit des peuples à disposer d'eux-mêmes, l'interdiction de la torture, de l'esclavage et des détentions arbitraires, le droit à la liberté de conscience, d'expression et d'association, le droit à l'éducation, entre autres. Dans l'ensemble de ces textes qui cimentent aujourd'hui les droits fondamentaux de tout citoyen du monde, seul un article porte sur la reconnaissance de droits égaux entre les femmes et les hommes[4].

En 1979, l'Assemblée générale des Nations unies* adopte la Convention sur l'élimination de toutes les formes de discrimination à l'égard des femmes (en français : CEDEF ; en anglais : Convention on the Elimination of All Forms of Discrimination against Women – CEDAW). Considérée à l'époque comme l'équivalent d'une « Déclaration universelle des droits des femmes », cette convention définit les discriminations de la manière la plus large possible : « Toute distinction, exclusion ou restriction fondée sur le sexe qui a pour effet ou pour but de compromettre ou de détruire la reconnaissance, la jouissance ou l'exercice par les femmes, quel que soit leur état matrimonial, sur la base de l'égalité de l'homme et de la femme, des droits de l'Homme et des libertés fondamentales dans les domaines politique, économique, social, culturel et civil ou dans tout autre domaine. » Les États parties à la Convention s'engagent à mettre fin aux discriminations, légales ou effectives, en inscrivant dans leur Constitution ou leur législation le principe d'égalité, en abolissant toute loi discriminatoire, en permettant aux femmes d'accéder réellement à leurs droits politiques et économiques, en assurant la protection judiciaire des femmes contre les violences et discriminations et en prenant les mesures législatives nécessaires pour éradiquer les discriminations sur le lieu de travail. Y sont également abordés les questions d'éducation, d'emploi, de santé, le congé maternité, l'accès à l'enseignement supérieur, le droit matrimonial, le droit à la nationalité, la lutte contre l'exploitation sexuelle et le trafic d'êtres humains...

À ce jour, la CEDAW a été ratifiée par 189 États, mais plus d'un tiers des signataires ont émis des « réserves » : des dispositions permettant à l'État de ne pas appliquer certaines clauses du traité. À titre d'exemple, 23 pays ont émis des réserves sur l'article 16, qui stipule l'égalité entre les femmes et les hommes en matière de mariage, de divorce, de propriété des biens dans la famille, de garde des enfants, et même de planification familiale. Pour de nombreux pays du monde musulman, cet article est incompatible avec la charia et les législations nationales issues de la loi islamique[5]. En d'autres termes, ces États (Algérie, Bahreïn, Égypte, Irak, Maroc, Jordanie, Liban, Libye, Syrie, Tunisie, Koweït) se soustraient à leurs obligations de mettre en conformité leur droit national, local, coutumier et religieux avec ces obligations. Quatre États seulement, à ce jour, n'ont pas signé la Convention : l'Iran, la Somalie, le Soudan et les îles Tonga. Les États-Unis l'ont signée mais ne l'ont pas ratifiée.

Un comité de surveillance de la Convention, composé d'experts indépendants, a été mis en place en 2000 – vingt ans après l'adoption de la Convention. Ce comité publie des rapports d'évaluation de mise en œuvre de la Convention par les États, et peut être saisi par des associations ou des individus en cas de « violations systématiques et graves » de la Convention. Le comité d'experts a ainsi lancé une enquête sur les meurtres en série de femmes dans la ville mexicaine de Ciudad Juárez. La CEDAW est la seule convention internationale dotée d'un tel comité *ad hoc*, ce qui démontre l'engagement des États à la faire appliquer de manière effective.

3.

Les conférences mondiales de l'ONU sur les femmes

L'adoption de la CEDAW en 1979 s'inscrit dans une chronologie particulièrement favorable au développement et au renforcement du cadre normatif pour les droits des femmes. En 1975, l'Organisation des Nations unies avait en effet consacré l'Année internationale de la femme, qui ouvrait la Décennie des Nations unies pour les Femmes (1975-1985). Cette décennie ainsi que la suivante vont être marquées par la codification progressive des droits des femmes dans le droit international, entamée avec la CEDAW. C'est l'objet des quatre conférences mondiales des Nations unies sur les femmes, qui se succèdent entre 1975 et 1995.

La première a lieu au Mexique en 1975 et réunit 133 gouvernements, sur 144 États membres de l'ONU à l'époque, et 6 000 activistes. Avec le lancement du plan d'action mondial pour la mise en œuvre des objectifs de l'Année internationale de la femme, sont affirmées trois priorités : l'égalité entre les femmes et les hommes, l'intégration des femmes dans le développement économique et la participation des femmes au renforcement de la paix mondiale. Pour la première fois dans l'histoire des Nations unies, une conférence internationale où la majorité des États membres sont représentés fait de l'égalité entre les femmes et les hommes son sujet central ; pour la première fois aussi, ce sujet est abordé du point de vue des femmes elles-mêmes, et non des hommes. En effet, les femmes constituent 73 % des délégués, et 113 des 133 délégations nationales sont présidées par une femme. Les femmes ne sont plus seulement objets de la diplomatie internationale : elles sont devenues actrices.

La deuxième conférence a lieu cinq ans plus tard à Copenhague, au Danemark, et rassemble 145 pays. Il s'agit alors de passer en revue les progrès depuis le début de la Décennie des Nations unies pour les Femmes, mais également de préciser des thématiques prioritaires pour la poursuite de l'égalité entre les femmes et les hommes : l'accès au marché du travail, la santé et l'éducation. Enfin, la troisième conférence a lieu à Nairobi en 1985 et voit une progression impressionnante du nombre de participants : 1 900 délégués nationaux (pour 157 pays), 12 000 activistes de la société civile. La conférence de Nairobi établit clairement le rôle central joué par les femmes dans le développement économique et social des nations et promeut pour la première fois la participation active des hommes dans la poursuite de l'égalité.

Ces trois conférences – Mexico, Copenhague, Nairobi –, espacées de cinq ans, insufflent une dynamique exceptionnelle en faveur de l'égalité, qui devient un objet à part entière de la diplomatie et des négociations entre États, sous l'égide de l'ONU. Ces conférences contribueront aussi significativement au développement et à la maturation d'une « société civile féministe internationale ». Elles s'inscrivent en effet dans un contexte historique particulier : celui de la deuxième vague du féminisme, qui naît à la fin des années 1960 et s'épanouit dans les années 1970. Celle-ci fait suite à la première vague des mouvements de femmes qui militaient de la fin du XIXe siècle jusqu'à la Seconde Guerre mondiale pour l'acquisition du droit de vote et des droits civils et politiques. Dans les années 1970 émergent des revendications d'ordre davantage économique et sociétal. La place de la femme dans la famille, le refus d'être assignée uniquement à un rôle d'épouse et de mère, le mouvement de libération des corps et la jouissance d'une sexualité libre, ainsi que la dénonciation des violences fondées sur le genre* sont à l'ordre du jour des mouvements féministes.

En France, les femmes sont autorisées à ouvrir un compte bancaire et à exercer une activité professionnelle sans l'autorisation de leur mari en 1965 et dix ans plus tard, elles obtiennent la possibilité de divorcer par consentement mutuel. En 1972, la loi pose le principe « à travail égal, salaire égal » entre femmes et hommes

– à temps de travail égal, l'écart salarial est aujourd'hui encore de 15 %. C'est également l'époque où la question hautement sensible du contrôle du corps des femmes devient politique. En 1967, la loi Neuwirth autorise la contraception et en 1974, après des années de militantisme du Mouvement de libération des femmes (MLF) et de l'avocate Gisèle Halimi, et après la publication du Manifeste des 343 dans *Le Nouvel Observateur*, la loi Veil ouvre le droit à l'avortement.

La mobilisation de dizaines de milliers de militantes féministes dans les conférences mondiales de l'ONU témoigne de la vitalité de ces mouvements et d'une prise de conscience inédite, historique, du caractère partagé des revendications des unes et des autres. Les associations féministes de ce que l'on appelle à l'époque « l'Occident » et « le Tiers Monde » (et qu'on désigne aujourd'hui par les termes de « Nord » et « Sud* ») se rejoignent sur des préoccupations communes, au-delà des différences culturelles, géographiques, religieuses, historiques et économiques. Participation à la vie politique du pays, accès au marché du travail et aux différentes professions sans entraves, indépendance financière et administrative vis-à-vis du mari ou du père, mais aussi droit à disposer librement de son corps, droit à vivre une vie sans violences (sexuelles, physiques ou psychologiques) : ces demandes sont formulées tant en Europe et en Amérique du Nord qu'en Afrique, en Amérique latine ou en Asie.

Les militantes se rendent en masse aux conférences de Mexico, de Copenhague et de Nairobi, souvent sans soutien financier de leurs autorités, se débrouillent pour obtenir un visa et trouver un logement sur place, et se retrouvent dans une atmosphère de joie, de sororité et d'optimisme partagé. Il existe déjà des divergences au sein des mouvements féministes, qui perdurent encore aujourd'hui : par exemple sur le sujet de la prostitution, où les « abolitionnistes » anti-prostitution s'opposent aux syndicats de prostituées qui militent pour la légalisation de leur activité. Mais les militantes féministes se retrouvent davantage sur l'universalité des droits fondamentaux, ne laissant que peu de place au relativisme culturel. Certains combats sont concentrés sur des zones géographiques, comme la lutte contre les mariages forcés en Amérique latine, en Asie et en Afrique ou l'éradication des mutilations génitales sur le continent africain. D'autres luttes résonnent « en miroir » : alors qu'en Europe et en Amérique du Nord les mouvements de libération des femmes sont engagés dans le long combat pour la légalisation de l'avortement, en Chine les femmes qui subissent la politique de l'enfant unique refusent les avortements forcés. Finalement, où qu'elles soient, les femmes réclament la liberté fondamentale de disposer de leur corps.

4.

La conférence de Pékin en 1995, un tournant historique

La formation d'un mouvement féministe international et la conscience d'une sororité partagée connaissent leur apogée lors de la quatrième conférence mondiale de l'ONU pour les femmes. Malgré les protestations de nombreuses ONG, qui dénoncent les violations massives des droits humains* par le régime communiste chinois, c'est la Chine qui est choisie par les Nations unies pour accueillir la quatrième conférence de la série initiée à Mexico, dix ans après celle de Nairobi. Cette conférence, qui aboutira au texte international le plus important en matière de droits des femmes, s'est déroulée à Pékin du 4 au 15 septembre 1995. Des dizaines de milliers de femmes de la société civile se sont empressées de soumettre une demande de visa pour entrer en Chine, à une époque où le pays était encore relativement fermé aux étrangers et où la répression des manifestations de la place de Tian'anmen (1989) était encore ancrée dans les esprits.

On estime qu'entre 30 000 et 40 000 militantes, activistes et membres d'associations des quatre coins du monde ont fait le trajet jusqu'à Pékin pour cette conférence historique – et ce malgré les nombreux refus de visas du Parti communiste chinois et les innombrables difficultés logistiques créées volontairement par les autorités, qui auraient préféré éviter l'arrivée en masse d'ONG du monde entier. Ainsi, deux mois avant le début de la conférence, le comité de préparation de l'événement a annoncé l'annulation de toutes les réservations d'hôtel à Pékin et l'obligation de soumettre à nouveau une demande de réservation dans des délais très serrés[1].

Le principal obstacle à la participation des ONG était encore d'une autre nature. Craignant la présence massive de militants, notamment occidentaux, dans les rues de Pékin, et leurs interactions possibles avec des citoyens chinois, le pouvoir avait annoncé en début d'année la relocalisation du « forum des ONG » dans la ville de Huairou, à 60 kilomètres de Pékin. Les infrastructures d'hébergement étant largement insuffisantes, des logements de style préfabriqué furent construits en hâte par les autorités, prises de court par le nombre de participantes. De nombreux témoignages racontent des conditions d'accueil extrêmement précaires, avec des problèmes d'accès aux sanitaires, des fuites incessantes (la pluie s'était invitée ces semaines-là à Pékin), des tentes qui durent être montées de toutes pièces sur un sol boueux… sans parler des transports irréguliers, pour ne pas dire inexistants, entre Huairou et le lieu de la conférence dans la capitale.

Finalement, le forum des ONG a bien eu lieu pendant ces deux semaines d'effervescence diplomatique et militante, et a permis à ces dizaines de milliers de femmes venues des Amériques, d'Europe, d'Afrique, du Moyen-Orient et d'Asie de se rencontrer, d'échanger, de débattre, d'organiser, de protester, de revendiquer et surtout de se retrouver dans des combats communs. À Huairou, avec les moyens du bord, les participantes étant souvent assises à même la terre, les ateliers, les séminaires, les conférences, et même les performances artistiques et les expositions se sont succédés pendant quinze jours. Les activistes étaient très organisées : de nombreuses réunions de préparation de la conférence ont eu lieu au niveau régional, continent par continent, pour convenir de positions communes et démultiplier le plaidoyer auprès des délégations des gouvernements. Ces dernières ont été également très nombreuses : environ 6 000 délégués ont participé à la conférence officielle à Pékin, aux côtés de 4 000 journalistes, de plusieurs milliers de représentants des chancelleries et de 4 000 activistes bénéficiant d'une accréditation officielle. Au total, 189 États membres de l'ONU participèrent au sommet, ce qui en fait l'événement international le plus représentatif et le plus significatif dans l'histoire des droits des femmes.

Au terme de deux semaines de négociations interminables, et malgré les craintes de certains gouvernements et de nombreuses militantes de voir ces négociations échouer du fait de l'opposition d'États conservateurs, les 189 délégations sont parvenues à conclure un accord le 15 septembre 1995, en adoptant deux documents majeurs : la Déclaration et le Programme d'action de Pékin. La Déclaration est un document de format onusien classique, d'une dizaine de pages, où les 189 pays déclarent leur détermination à faire progresser l'égalité de genre, en « redoublant d'efforts et en multipliant les actions pour éliminer toutes les formes de discrimination à l'égard des femmes » et toutes les formes de violences, à promouvoir l'accès des femmes à l'économie, l'éducation et la participation des femmes aux processus de paix, etc. Le texte s'achève sur un engagement solennel des signataires à « traduire [le Programme d'action] dans les faits, en veillant à ce que le souci d'équité entre les sexes imprègne toutes nos politiques et tous nos programmes », et souligne la nécessité absolue de mobiliser des « ressources suffisantes, aux échelons national et international » pour le plein succès de ce Programme. Cette déclaration s'appuie sur les conventions telles que la CEDAW et les textes déjà adoptés lors des trois précédentes conférences, mais elle va plus loin dans la formulation précise de leurs droits : en réaffirmant le « droit de toutes les femmes à la maîtrise de tous les aspects de leur santé, en particulier leur fécondité », en reconnaissant l'importance de « la participation et la contribution de tous les protagonistes de la société civile, en particulier les groupes et réseaux de femmes et les autres organisations non gouvernementales [...] dans le strict respect de leur autonomie », ou encore en incitant les hommes à participer à ce travail.

La nouveauté majeure, qui fait de la conférence de Pékin un tournant historique, réside dans le Programme d'action. Document prolifique de plus de 200 pages, celui-ci est devenu la référence universelle non seulement pour l'ONU, mais pour tous les autres acteurs institutionnels, privés ou associatifs. Les États s'y réfèrent dans leurs législations nationales, les organisations régionales comme l'Union européenne, l'Organisation des États américains ou l'Union africaine l'intègrent dans leurs directives et résolutions, les ONG en font fait leur bible pour tenir les gouvernements comptables de leurs actions – ou inaction – en faveur de l'égalité de genre. Le Programme d'action est en réalité une feuille de route organisée autour de douze objectifs stratégiques : l'élimination de la pauvreté, l'éducation et la formation, la santé, la lutte contre les violences, les conflits armés, l'économie, la prise de décisions, les mécanismes institutionnels, les droits fondamentaux, les médias, l'environnement et les droits des filles. Pour chaque objectif, le document dresse un état des lieux des inégalités et de leurs sources, définit des objectifs et liste une série de mesures qui devront être prises par les parties prenantes :

États, organisations internationales ou régionales, mais aussi collectivités territoriales.

Cette feuille de route constitue une première, en ce qu'elle trace un véritable plan avec des propositions d'actions concrètes à mettre en place par les institutions pour atteindre les objectifs convenus. Elle permet de sortir de l'incantatoire et du déclaratoire, et engage les gouvernements à prendre telle ou telle mesure. Elle crée, en d'autres termes, une obligation de résultats tout autant qu'une obligation de moyens. Cette obligation de résultats est assortie d'un système de redevabilité : tous les cinq ans, les États devront rendre compte devant l'ONU, leurs pairs et les ONG des progrès enregistrés dans l'application de cette feuille de route, et des mesures mises en place pour y arriver.

5.

Un acquis fragile face aux attaques conservatrices

« *Human rights are women's rights and women's rights are human rights.* » C'est par cette formule devenue célèbre qu'Hillary Clinton, qui présidait la délégation américaine, a fait entrer la conférence de Pékin dans l'Histoire. À maints égards, cette conférence est considérée comme le moment fondateur pour la mise en route d'un agenda international pour l'égalité de genre. D'abord parce que 189 États l'ont adoptée (y compris des États connus pour leur positionnement réactionnaire en la matière, tels que l'Arabie saoudite, le Soudan ou encore le Saint-Siège), ce qui en fait le texte le plus largement adopté et reconnu par la communauté internationale. Par comparaison, le Pacte international relatif aux droits civils et politiques et le Pacte international relatif aux droits sociaux, économiques et culturels, qui constituent des fondations du droit international avec la Déclaration universelle des droits de l'Homme, n'ont été ratifiés respectivement « que » par 173 et 171 États ! Les droits reconnus par la

Déclaration et les obligations prescrites par le Programme d'Action se retrouvent aujourd'hui dans toutes les conventions régionales relatives aux droits des femmes, comme la Convention d'Istanbul du Conseil de l'Europe (2011), et ont été repris dans les législations nationales de la majorité des États. Ils sont devenus ce que l'on appelle en langue diplomatique du « langage agréé », c'est-à-dire des droits ou des faits reconnus par des résolutions successives de la communauté internationale, qui font l'objet d'un consensus sur lequel les États s'engagent à ne pas revenir.

En termes de contenu, la conférence de Pékin a également permis des avancées considérables : c'est par exemple le premier texte qui enjoint aux États d'intégrer de manière transversale les droits des femmes dans l'ensemble de leurs politiques publiques nationales, ce qu'on appelle aujourd'hui le « *mainstreaming* ». Elle représente également le premier acte de reconnaissance des vulnérabilités particulières de certaines populations ou certaines catégories de femmes, comme les femmes de communautés autochtones. Ainsi, le forum des ONG aboutit à une déclaration historique : « La déclaration de Pékin des femmes autochtones ». Sont également citées les femmes appartenant à des minorités ethniques (les femmes rurales, les jeunes femmes, les femmes issues des milieux les plus pauvres, etc.), qui se situent à l'intersection de plusieurs types de discrimination. Quatre ans plus tard, l'universitaire américaine Kimberlé Crenshaw définira le terme d'« intersectionnalité », qui permet de théoriser le phénomène de croisement et de superposition de ces discriminations multiples (genre, race, classe, religion, handicap, identité sexuelle...).

Néanmoins, l'opposition farouche de certains États musulmans ou chrétiens n'a pas permis l'inclusion dans le préambule de la notion de discrimination en raison de l'orientation sexuelle. Les femmes lesbiennes et LGBTQI* sont par conséquent les grandes oubliées du texte, en dépit d'efforts persistants de certaines délégations, jusqu'aux dernières heures des négociations à Pékin, pour inclure cette catégorie. Enfin, les deux textes de la conférence témoignent d'une certaine prescience en ce qu'ils mentionnent déjà, en 1995, l'impact disproportionné du changement climatique sur les femmes et le risque que le développement de l'information et des technologies ne bénéficie pas de manière équitable aux femmes et aux hommes – un sujet aujourd'hui largement documenté.

Pour autant, le bilan de la conférence de Pékin et de ces trois décennies (1970, 1980, 1990) n'est pas parfait. Tout d'abord, parce qu'aucun de ces documents ne fixe de calendrier ou d'objectifs chiffrés clairs et précis à atteindre. Les États sont donc jugés à l'aune des efforts et progrès réalisés, et non d'objectifs atteints. Force est de constater qu'avec les nombreuses crises des années 2000 – climatiques, économiques, humanitaires, et plus récemment sanitaire –, la pleine égalité de genre reste loin d'être achevée. De plus, il n'existe pas de système de sanction internationale, juridique ou financière, qui viendrait pénaliser les pays n'ayant pas enregistré de progrès en matière d'égalité. Si les mesures mises en place par les gouvernements font l'objet de rapports tous les cinq ans, qui permettent certes de mettre en lumière leurs défaillances, aucune sanction coercitive ou punitive ne vient s'appliquer.

La Décennie des Nations unies pour les femmes (1975-1985) et les quatre grandes conférences de l'ONU pour les femmes ont permis, au-delà des avancées juridiques incontestables, de mobiliser et de fédérer les mouvements féministes issus des cinq continents autour d'un agenda commun qui dépasse les particularismes locaux, nationaux, culturels et religieux. Des organisations non gouvernementales africaines ont commencé à collaborer avec leurs consœurs sud-américaines ou asiatiques, les priorités ont été partagées (lutte contre les violences fondées sur le genre et les féminicides, éradication des mariages forcés et précoces, droits sexuels et reproductifs, participation au marché du travail) et les mouvements féministes se sont structurés et organisés afin d'assurer une présence continue auprès des organes des Nations unies. Pour autant, l'émergence d'une contre-offensive très organisée contre les droits des femmes met en péril l'héritage des quatre conférences mondiales et notamment de Pékin.

6.

Le *backlash*, un retour de bâton contre les droits des femmes

Si cette période qui s'étend de la fin des années 1960 jusqu'aux années 1990 a constitué un tournant majeur pour l'égalité de genre, elle va pourtant provoquer un mouvement de réaction sans précédent, dont les effets se font sentir vingt à trente ans plus tard. Les succès engrangés par les mouvements féministes tant sur le plan international que dans les législations domestiques vont provoquer une contre-offensive de différents courants – conservateurs, religieux, d'extrême droite, traditionnalistes –, réunis autour d'un objectif : revenir à une époque idéalisée où les femmes étaient cantonnées à leurs rôles d'épouses et de mères, où leur participation à la vie publique et économique était limitée voire inexistante, où leur corps demeurait sous le contrôle des hommes, où leurs voix n'avaient pas de place dans l'espace public. À chaque fois que les sociétés connaissent de formidables progrès sociaux, que des droits et l'égalité sont arrachés de haute lutte, on observe une réaction violente des composantes de la société qui ont le plus à perdre, et une mobilisation pour remettre en cause ces droits. Depuis les années 1990, les mouvements conservateurs et réactionnaires se sont réorganisés et remobilisés pour renverser les droits acquis et occuper l'espace public en instillant l'idée que cette révolution féministe était allée trop loin.

Ce mouvement de contre-offensive, résolument anti-progrès et anti-femmes, a un nom : le *backlash* (« retour de bâton » ou « contrecoup »), porté sur les fonts baptismaux par le livre de la journaliste américaine Susan Faludi, *Backlash. The Undeclared War against American Women* paru en 1991[1]. Selon l'autrice, les formidables avancées obtenues par le mouvement de libération des femmes dans les années 1970 ont enclenché un « retour de bâton », une offensive réactionnaire des milieux conservateurs américains qui voient dans ces avancées une catastrophe civilisationnelle.

Ces mouvements sont en grande partie d'inspiration religieuse, au confluent d'un catholicisme « dur » rejetant les enseignements du concile Vatican II et des églises évangélistes nord-américaines qui ont essaimé dans le monde entier, et des organisations ou États musulmans qui œuvrent à islamiser la société. Ces organisations, qui ont pour la plupart un statut associatif, gravitent autour de partis politiques conservateurs et peuvent soutenir, au cas par cas, ces partis lorsque leurs programmes incluent des éléments réactionnaires : remise en cause du droit à la contraception et à l'avortement, refus d'aborder les questions de genre et de sexualité à l'école, promotion d'un modèle de famille limité à une configuration hétérosexuelle avec « une maman et un papa », rejet de la procréation médicalement assistée, voire même du droit au divorce. Ce positionnement anti-droits* des femmes est systématiquement aligné avec un positionnement anti-LGBTQI*, les droits des femmes étant perçus par ces mouvements comme un « cheval de Troie » pour faire entrer la pseudo-« idéologie LGBTQI » ou « théorie du genre » dans les politiques familiales. Ces associations cultuelles ou à coloration religieuse intègrent le refus des droits LGBTQI et de la reconnaissance de l'égalité, ou encore du droit de changer de sexe et de genre, dans leur programme.

Ces mouvements opèrent à la fois en amont et en aval du pouvoir politique. En amont, en organisant, en finançant et en soutenant des candidats ouvertement anti-droits, avec l'objectif affiché de mener au pouvoir une majorité d'élus dont les votes refléteront les orientations « familiales » de ces mouvements. C'est la stratégie adoptée par les églises évangélistes américaines pour faire élire un maximum de candidats républicains anti-choix* à la Chambre des représentants et au Sénat fédéral, mais aussi dans les chambres des États. Cette stratégie a culminé avec l'annulation de l'arrêt *Roe v. Wade* par la Cour suprême des États-Unis en juin 2022, qui assurait une protection constitutionnelle de l'avortement. En aval, lorsque les élections ont déjà eu lieu, ces organisations apportent leur plein soutien à des gouvernements aux orientations réactionnaires. C'est le cas en Pologne, où l'ONG catholique Ordo Iuris (L'Ordre du Droit) a apporté son soutien au gouvernement de droite populiste et conservatrice dominé par le parti au pouvoir depuis 2015, le PiS (parti Droit et Justice) des frères Lech et Jaroslaw Kaczynski. Ordo Iuris s'est fait remarquer en élaborant un projet de loi anti-avortement[2] qui prônait une interdiction totale quel que soit l'état médical de la mère et du fœtus, et qui criminalisait la mère en cas de mort du fœtus. Ce projet de loi présenté en 2016 au *Sejm*, la chambre des députés polonais, n'a pas obtenu la majorité, mais a largement influencé le jugement du Tribunal constitutionnel entré en vigueur en janvier 2021 qui restreint l'avortement légal à deux cas de figure seulement : lorsque la vie de la mère est mise en danger par la continuation de la grossesse, ou lorsque la grossesse résulte d'un acte criminel comme un viol – des cas de figure qui représentent uniquement 2 % des causes d'avortement en Pologne aujourd'hui.

Les financements qui alimentent la sphère des mouvements anti-droits atteignent des montants vertigineux. Selon le Global Philanthropy Project, les organisations anti-droits et anti-choix enregistrées aux États-Unis ont reçu 6,2 milliards de dollars de subventions et de dons entre 2008 et 2017, soit une moyenne de 620 millions de dollars par an sur dix ans. Dans son dernier rapport sur les financements issus de l'extrémisme religieux[3], le Forum parlementaire européen pour les droits et santé sexuels et reproductifs a réussi à identifier et tracer des flux financiers à hauteur de 707,2 millions de dollars en provenance des États-Unis, de la Russie et de l'Europe, qui sont venus alimenter le mouvement du *backlash* entre 2009 et 2018. Ces donations proviennent en partie de la droite chrétienne américaine, elle-même financée par des milliardaires conservateurs (11 %), et d'oligarques russes qui canalisent des financements occultes vers des partis d'extrême droite européens (27 %). En Europe, d'où proviennent plus de 60 % de ces financements, ce sont principalement des personnalités ayant fait fortune dans le secteur privé et des grandes familles aristocratiques issues d'une vingtaine de pays qui ont soutenu des partis politiques, des fondations ou des associations réactionnaires. Les financements européens ont été multipliés par quatre en moins de 10 ans, passant de 22,2 millions à 96 millions de dollars. Les sources financières sont au final peu nombreuses (54 organisations au total), ce qui signifie que la richesse de ces donateurs est considérable.

Les arguments utilisés par les anti-droits sont parfois troublants par leur manque de cohérence avec la famille idéologique dont ils sont issus. Selon l'ONG Ipas, « si les récits conservateurs défendent des positions antimondialistes, ils cherchent en pratique à consolider une internationale de droite et à pousser des systèmes parallèles de réinterprétation des droits de l'Homme dans une perspective régressive ». On voit ainsi surgir, de manière surprenante, une rhétorique anticoloniale de la part d'organisations ou de politiciens américains ultra-conservateurs. Il s'agit en réalité de récupérer le discours anti-choix et anti-genre de certains pays du Sud, notamment africains, qui renvoient l'avortement, les droits sexuels, la contraception, l'éducation à la sexualité et à l'homosexualité à des « valeurs occidentales » que les pays du Nord souhaiteraient exporter de force, au mépris des cultures et religions locales qui y seraient étrangères. C'est par exemple l'argument utilisé par l'ONG américaine Family Watch International (FWI), fondée par l'activiste mormone Sharon Slater et considérée comme une organisation de « lobby fondamentaliste chrétien », pour contester l'accord de partenariat entre les États d'Afrique, des Caraïbes et du Pacifique (ACP) et l'Union européenne. Le renouvellement de ce partenariat en 2022 a donné prétexte aux ONG chrétiennes anti-droits pour contester une démarche soi-disant « néocolonialiste » de l'Union européenne visant à imposer l'avortement et autres hérésies du monde moderne et occidental aux pays de l'ACP.

L'ingérence des groupes occidentaux anti-droits dans la politique intérieure de certains pays africains, afin d'influer sur les résultats des élections et les processus législatifs, est de plus en plus évidente. Au Kenya, un rapport de la fondation Mozilla, publié avant les élections parlementaires d'août 2022, dévoile la campagne de désinformation menée par l'ONG espagnole anti-avortement CitizenGO sur les réseaux sociaux pour faire échouer l'adoption d'une loi sur la santé reproductive[4], qui n'a effectivement pas été adoptée par le parlement. En août 2022, le Kenya a d'ailleurs élu un nouveau président en la personne de William Ruto, qui se présente ouvertement comme un « nationaliste chrétien anti-LGBTQI* » et a fait campagne sur un positionnement religieux. Sa première décision en tant que président a été de signer un décret stipulant que l'État ne reconnaît comme « familles » légitimes que les couples hétérosexuels. Au Malawi en 2019, un groupe catholique, la Conférence épiscopale, a reçu une subvention de 30 000 dollars de la part de la Conférence des évêques catholiques américains pour de « l'animation pastorale et des activités de plaidoyer auprès des membres du parlement et des personnalités politiques[5] ».

Il est fréquent que des organisations religieuses du Nord financent des organisations religieuses du Sud, notamment en Afrique, pour soutenir leurs activités quotidiennes, le fonctionnement de l'église, des coûts de construction ou de rénovation de bâtiments ou de l'évangélisation. Mais une partie des fonds est occasionnellement utilisée pour financer des actions politiques, officiellement des actions de plaidoyer auprès des parlementaires. Ainsi, la subvention sus-citée a été utilisée pour une campagne de lobby auprès des parlementaires malawites pour les convaincre de voter contre une proposition de loi autorisant l'avortement dans des situations de viol, d'inceste ou de risque psychologique pour la femme – allant au-delà de la loi actuelle, qui condamne déjà à quatorze ans de prison une femme ayant subi un avortement hors du cadre légal. La Conférence épiscopale du Malawi a mené une campagne vigoureuse anti-avortement, appelant la population à descendre dans la rue pour bloquer une soi-disant « tentative d'imposition de cultures étrangères » dans le pays.

Un autre argument fréquemment utilisé par les anti-droits, qui fait souvent mouche, est relatif à la soi-disant « protection des enfants ». Au prétexte d'assurer la sécurité des enfants contre des influences néfastes, les mouvements anti-droits déploient des stratégies d'opposition aux programmes d'éducation à la sexualité, qui visent notamment à nier les droits des personnes LGBTQI. Ainsi, le Parlement polonais a adopté un projet de loi renforçant la surveillance des écoles pour « protéger les enfants », en interdisant les discussions sur les LGBTQI et l'éducation sexuelle. En Russie et dans certains États américains, parler d'homosexualité et de sexe en général devient de plus en plus compliqué, voire impossible dans un contexte scolaire. Au Sénégal, en 2020, le gouvernement avait organisé un atelier avec l'Unesco pour lancer un programme d'éducation sexuelle dans les écoles. Le projet a provoqué une levée de boucliers de leaders et d'associations religieuses, dénonçant des attaques contre les « valeurs musulmanes » et une tentative de pervertir les enfants en les incitant à la sodomie… Le ministère sénégalais de l'Éducation nationale a dû faire marche arrière, alors que les manuels scolaires n'étaient même pas encore modifiés, face à la pression des groupes religieux et de la rue. Lors de la dernière Commission de la condition de la femme*, en mars 2023, la représentante du Sénégal a réitéré le désaccord de son gouvernement avec l'utilisation du terme « droits et santé sexuels et reproductifs* » et affirmé que le concept de genre ne pouvait se référer qu'aux relations entre un homme et une femme, adoptant une position ouvertement anti-LGBTQI.

7.

Des régressions sur tous les continents

Le phénomène du *backlash* ne se limite à aucun pays ni à aucun continent. En 2022 et 2023, de nombreux gouvernements ont été démocratiquement élus sur un programme ouvertement réactionnaire et régressif en matière d'égalité de genre[1]. Les quelques pays choisis ici pour dévoiler les mécanismes du *backlash* ne constituent pas une liste exhaustive, mais un condensé de victoires électorales de partis ultra-conservateurs sur la période récente, qui met en lumière le caractère universel et inquiétant du phénomène.

En mars 2022, la Corée du Sud a élu Yoon Suk-yeol, du parti de droite le « Parti du pouvoir au peuple », à la présidence de la République. Cet ancien avocat, procureur général de 2019 à 2021, figure du conservatisme en Corée, a remporté l'élection face au candidat du Parti démocrate au pouvoir depuis cinq ans, au terme d'une campagne qui, selon de nombreux observateurs de la vie politique coréenne, s'est démarquée tant par son niveau de violences (attaques verbales et scandales à répétition) que par sa pauvreté intellectuelle. Quatre grands thèmes ont dominé la campagne électorale : la reprise économique après deux années de pandémie de Covid-19, les inégalités économiques, la hausse des prix de l'immobilier et… le féminisme. Invitée surprise des débats, la question de la place des femmes dans la société coréenne – et donc des hommes – est devenue un sujet incontournable du débat public, mais aussi un point de clivage qui a déterminé le positionnement des deux principaux candidats.

Les jeunes Coréennes se sont pleinement emparées du mouvement #MeToo depuis quelques années, en se mobilisant contre les caméras cachées pornographiques dans les lieux publics, en dénonçant la culture du harcèlement sexuel sur le lieu de travail et en refusant de plus en plus le mariage et les enfants qui les enferment dans un rôle de femme au foyer et freinent leur carrière. Face à la mobilisation de ces femmes, de plus en plus visible dans l'espace public, des communautés masculinistes[2] composées d'hommes frustrés par les revendications féministes se sont constituées en ligne, dans des forums de discussion. Le Parti du pouvoir au peuple a choisi délibérément de capitaliser sur cette colère d'une partie de la population, composée en majorité d'hommes jeunes, et a fait campagne sur des slogans antiféministes. Ces jeunes hommes, qui s'estiment discriminés par les politiques publiques de lutte contre les inégalités de genre dans le monde du travail[3], humiliés par les manifestations féministes, dévirilisés par la remise en cause d'un système patriarcal qui demande aux femmes de choisir entre carrière et famille, se sont mués en force électorale puissante. Selon un sondage Ipsos[4], 19 % des hommes sud-coréens estiment que « les hommes ont perdu du pouvoir économique et politique à cause du féminisme » et 33 % que « la masculinité traditionnelle est menacée aujourd'hui ».

Une des mesures phares de Yoon était la suppression du ministère de l'Égalité des genres et de la Famille, accusé de discriminer les hommes en faveur des femmes, de les traiter comme des « criminels sexuels potentiels » et de mener un combat « obsolète[5] ». S'il n'a pu encore mener à bien cette promesse de campagne, qui nécessite un vote au Parlement, Yoon s'est empressé de supprimer les quotas de recrutement dans l'administration dès sa nomination, et ne cesse de clamer que « le sexisme dans la société coréenne appartient au passé ». Force est de constater que la stratégie électorale de Yoon a payé : 65 % des hommes de 20 à 30 ans et 55 % des hommes de 30 à 40 ans ont voté pour lui, d'après des sondages de sortie d'urnes. Sans surprise, les femmes coréennes ont voté dans les mêmes proportions pour le candidat opposé du Parti démocrate.

En Europe, la Hongrie mène la bataille du *backlash* aux côtés de la Pologne. En mai 2022, Viktor Orban a été réélu Premier ministre de la Hongrie pour la quatrième fois. Les entorses à l'État de droit commises sous ses précédents mandats sont nombreuses et bien connues. Pour Orban et son parti Fidesz, la place naturelle des femmes est au foyer tandis que les hommes travaillent et pourvoient aux besoins de la famille. Viktor Orban s'est fait le chantre d'un discours proche de celui de Vladimir Poutine, qui accuse la « décadence occidentale », causée par l'abandon de la structure familiale traditionnelle et des valeurs chrétiennes, d'être à l'origine de la crise économique et de l'affaiblissement de l'Europe. La solution à cet affaiblissement passe, selon le Premier ministre, par le retour à un système de valeurs familiales qui place la femme-mère au foyer au cœur d'une nation forte. Le gouvernement hongrois a multiplié les mesures législatives « pro-familles », pour inciter les femmes à avoir plus d'enfants : suppression de l'impôt sur le revenu pour les familles de quatre enfants ou plus, inscription de la famille comme « le fondement de la survie de la nation » dans la Constitution en 2010, publication d'un rapport parlementaire dénonçant les dangers d'une « économie trop féminisée » (les femmes qui travaillent faisant moins d'enfant). Selon la Constitution hongroise, « la vie de l'embryon et du fœtus est protégée depuis la conception ».

Les liens entre le Premier ministre Orban et les organisations religieuses ultra-conservatrices sont avérés. De 2018 à 2020, le Centre hongrois pour les droits fondamentaux – un soi-disant « centre de recherche », qui est en réalité une officine d'ultra-droite qui milite contre la Convention d'Istanbul, les droits LGBTQI et les migrants – aurait reçu 2,53 millions d'euros du cabinet d'Orban. Ce Centre mène campagne au nom de la « libération de la Hongrie face aux manipulations de la révolution culturelle de l'Occident[6] » contre les « féministes du genre et les homosexuels » qui « attaquent le mariage et la famille ».

En Italie, le discours tenu par la Première ministre Giorgia Meloni et son parti, Fratelli d'Italia (Frères d'Italie), est similaire à celui d'Orban en Hongrie. Fratelli d'Italia, un parti héritier du fascisme mussolinien, a remporté les élections législatives en septembre 2022 et propulsé Giorgia Meloni à la tête du gouvernement italien. Mme Meloni a fait campagne de manière décomplexée sur la thématique d'un retour aux valeurs et aux structures familiales, aux traditions, à la religion, en opposition aux droits LGBTQI et à la soi-disant théorie du genre. La bannière du parti Fratelli d'Italia est d'ailleurs « Dieu, patrie et famille » – un programme qui a le mérite d'être clair. Bien que la Première ministre italienne ait affirmé durant la campagne qu'elle ne toucherait pas à la loi pour l'avortement, elle pourra considérablement restreindre son accès, dans un pays où 80 % des médecins utilisent la clause de conscience pour refuser de pratiquer l'avortement. Fratelli d'Italia, au pouvoir dans la province des Marches depuis deux ans, a déjà limité le délai légal d'avortement de neuf semaines à sept semaines[7].

En Turquie, le président Recep Tayyip Erdoğan, qui a été Premier ministre de 2003 à 2014, élu président en 2014 puis successivement réélu en 2018 et en 2023, fut un temps considéré comme un réformateur pro-européen. Lors de son mandat de Premier ministre, de nombreuses mesures ont été adoptées dans le sens d'une meilleure protection et d'une plus grande liberté pour les femmes : augmentation de l'âge légal du mariage à 18 ans, criminalisation du viol conjugal, adoption d'un nouveau code pénal reconnaissant davantage de libertés individuelles, abolition des diminutions de peine pour les crimes d'honneur, levée de l'interdiction de porter le voile dans les universités, ce qui a contribué à l'augmentation du nombre d'étudiantes[8]. L'interdiction de licenciement des femmes enceintes et les subventions pour les mères de famille qui travaillent ont aussi permis d'accroître la participation des femmes au marché du travail.

Mais l'éloignement d'une perspective d'intégration dans l'Union européenne et la révélation d'un Erdoğan empreint d'une nostalgie de l'Empire ottoman à la mode néo-islamiste a provoqué un retour de bâton catastrophique pour les droits des femmes turques. L'AKP, le parti islamo-conservateur fondé par Erdoğan, a l'intention de réduire le délai légal d'avortement de dix à six semaines et d'assouplir les règles d'âge légal du mariage[9]. En 2012, Erdoğan déclarait déjà considérer l'avortement « comme un meurtre ». Concomitamment, la répression des mouvements féministes s'est intensifiée au cours des dernières années, dans la lignée d'une politique générale d'étouffement des forces vives de la société. Les femmes turques qui participaient à la marche de la Journée internationale des droits des femmes le 8 mars 2023 ont été violemment agressées par les forces de l'ordre qui n'ont pas hésité à utiliser des gaz lacrymogènes pour disperser les manifestantes pacifistes. Une des ONG emblématiques de la lutte contre les violences fondées sur le genre, We Will Stop Femicides, a récemment été poursuivie en justice et menacée de dissolution pour « activités contre la loi et la morale », alors qu'elle a documenté 579 cas de féminicides sur l'année 2022. Cette association fournit un travail important d'information publique en collectant les noms de victimes de féminicides, mais également de soutien juridique pour les victimes de violences. En parallèle, le président, qui faisait preuve d'une ouverture d'esprit inhabituelle envers les droits LGBTQI dans le monde musulman, a radicalisé son discours sur le sujet. En février 2021, il comparait des étudiants LGBTQI manifestant pour leurs droits à des « terroristes » et les estimait « incompatibles avec les valeurs de la Turquie[10] ».

Le *backlash* turc a fait la une en juillet 2021, lorsque le président Erdoğan a annoncé le retrait de la Turquie de la Convention d'Istanbul. Cette convention, dont le nom complet est « Convention du Conseil de l'Europe sur la prévention et la lutte contre la violence à l'égard des femmes et la violence domestique » est un traité adopté en 2011 par le Conseil de l'Europe. Ratifiée par 37 membres parmi les 45 du Conseil, elle constitue l'instrument juridique international le plus abouti en matière de prévention, de protection et de poursuites des violences à l'égard des femmes. Son arsenal législatif et juridique est si sophistiqué que d'autres pays non-membres du Conseil de l'Europe envisagent de l'adopter, comme la Tunisie, le Mexique, Israël ou encore le Kazakhstan. Le symbole du retrait de la Turquie d'une convention qu'elle a été la première à adopter sur son propre sol en 2012 est désastreux, mais l'impact de cette décision politique, présentée par le président turc comme une mesure de protection des « valeurs familiales traditionnelles » et contre « la tentative de normalisation de l'homosexualité », n'est pas que symbolique. Les associations féministes turques rapportent en effet que depuis le retrait de la convention, « de nombreux commissariats de police refusent d'accueillir les femmes victimes de violences conjugales ou d'agressions sexuelles en disant : "Nous n'acceptons plus les cas liés à la Convention d'Istanbul[11]" ».

Aux portes de la Turquie, les féministes israéliennes s'inquiètent d'une dérive « à la turque » du nouveau gouvernement élu en novembre 2022. Ce gouvernement de coalition entre les partis d'extrême droite et les partis religieux fondamentalistes ultra-orthodoxes est le plus à droite de l'histoire du pays. D'ores et déjà, son projet de réforme de la justice, accusé de mettre en péril la démocratie israélienne, a provoqué des manifestations massives et continues dans les rues des plus grandes villes du pays. Le gouvernement ne brille pas par son féminisme : des 31 ministres, aucun n'a nommé une femme au poste de secrétaire général[12]. C'est la première fois depuis vingt ans qu'il y a aussi peu de femmes dans les postes à responsabilité supérieure au sein du gouvernement. Aucune initiative législative contraire aux droits des femmes ou à l'égalité n'a pour l'instant été présentée, mais les féministes israéliennes redoutent le retour de bâton. La présence massive de partis religieux extrémistes, dont le positionnement idéologique est clairement contraire à l'égalité de genre, fait planer plusieurs menaces sur les droits des femmes : augmentation du pouvoir des tribunaux religieux, difficultés à avoir accès à l'avortement, légalisation de la ségrégation entre les sexes sur un fondement religieux (qui pourrait autoriser les commerces à refuser l'entrée aux femmes[13]). Le lien avec la Turquie n'est pas anecdotique : alors qu'Israël était un des rares pays hors du Conseil de l'Europe à avoir annoncé son intention de rejoindre la Convention d'Istanbul, le contrat de coalition du nouveau gouvernement stipule explicitement que celui-ci renonce à signer ce traité qui aurait apporté des garanties supplémentaires considérables aux femmes israéliennes contre les violences[14].

Ce tour d'horizon du *backlash* ne pourrait être complet sans évoquer la décision historique de la Cour suprême des États-Unis, l'annulation de l'arrêt *Roe v. Wade* en juin 2022, dont les répercussions se font ressentir bien au-delà du contexte américain. Cet arrêt prononcé en 1973 par la Cour suprême, dont les neuf juges sont nommés sur décision du président américain, apportait une protection constitutionnelle à l'avortement, empêchant les États de l'interdire dans leurs législations locales. À l'été, la Cour suprême est revenue sur cette décision capitale, ouvrant *de facto* la porte à une série de lois bloquant l'accès à l'avortement dans de multiples États. Un an après ce coup de tonnerre, ce sont 14 États qui ont interdit l'avortement[15] ; dans plusieurs autres, des batailles juridiques sont en cours car les litiges ont été portés devant les tribunaux. De nombreux États avaient d'ores et déjà voté des lois dites « de déclenchement » (*trigger laws*) avant l'annonce de la décision de la Cour suprême : ces lois « déclencheraient » l'interdiction de l'avortement dès que la loi fédérale serait modifiée.

La suppression de l'arrêt *Roe v. Wade* a largement été commentée et médiatisée. 40 millions de femmes américaines (58 % de la population féminine en âge de procréer) vivent aujourd'hui dans des États qui restreignent ou interdisent l'avortement[16]. Mais au-delà des conséquences sur les Américaines, la décision de la Cour suprême pourrait avoir un impact international[17]. Sur le plan symbolique, le fait que la première puissance mondiale, dont l'influence culturelle demeure prédominante, rejoigne le camp des pays qui ont reculé sur le droit à l'avortement envoie un signal à la fois décourageant pour les mouvements féministes et encourageant pour les partisans du *backlash*. Dans les pays du Sud où les activistes mènent un combat de longue date pour l'avortement, le précédent américain pourrait influencer des décisions politiques ou judiciaires en revigorant le narratif anti-avortement. Les organisations anti-choix* se voient en quelque sorte « légitimées » par le jugement de la Cour suprême américaine, tandis que les ONG pro-avortement du Kenya, du Malawi, de l'Ouganda ou encore du Nigéria redoutent de perdre du terrain. « Les anti-IVG pourraient profiter de la volte-face américaine pour freiner la mise en œuvre de toutes ces mesures dans les pays qui ont légalisé l'avortement il y a peu, comme le Bénin, et pousser à faire annuler les lois[18] », selon Sarah Shaw, directrice du plaidoyer de Marie Stopes International, une ONG pro-avortement présente dans 37 pays dont 17 pays africains.

Ces quelques exemples ne concernent que des pays où des élections ont eu lieu récemment. La géographie du *backlash* est bien plus étendue. Elle n'épargne aucun continent : on pourrait citer la Russie, la Pologne, l'Ouganda, les Philippines, plusieurs pays d'Amérique centrale et du Sud (Salvador, Honduras, Haïti, Nicaragua, le Brésil sous Bolsonaro), et même, plus récemment, des États qui portaient pourtant les espoirs de la communauté internationale comme la Tunisie ou le Kenya. La démonstration a été faite de la capacité d'imprégnation de ces idées réactionnaires, tout autant que leur efficacité électorale. Les grands textes adoptés à la fin du siècle dernier font encore loi – mais ils sont de plus en plus ouvertement bafoués. La force stratégique de ce *backlash* est d'avoir fait des droits des femmes, souvent considérés comme un sujet mineur, voire consensuel, un objet de géopolitique. Face à ce *backlash*, les démocraties libérales ont fini par s'organiser et apporter une réponse, en faisant à leur tour de l'égalité de genre une priorité politique et géopolitique. C'est l'objet de la diplomatie féministe.

8.
L'émergence de la diplomatie féministe

Face à l'arrivée au pouvoir de dirigeants ouvertement anti-droits et au retour de positions réactionnaires dans le débat public, la prise de conscience de la nécessité d'une remobilisation pour les droits des femmes est progressive dans la décennie 2010-2020. Elle est évidemment concomitante au phénomène sociétal majeur connu sous le nom de #MeToo, qui commence aux États-Unis en 2006, mais qui prend une ampleur mondiale seulement dix ans plus tard avec les révélations d'actrices américaines harcelées et violées par le producteur de cinéma Harvey Weinstein. Dans la foulée, la parole de femmes agressées sexuellement et harcelées dans leur milieu professionnel mais aussi dans un contexte privé s'installe durablement dans l'espace public, grâce aux réseaux sociaux, partout dans le monde. Il n'est pas un pays qui résiste à la vague #MeToo et où des révélations de personnalités connues comme de femmes inconnues ne bousculent l'omerta sur la prévalence généralisée des violences sexuelles et sexistes.

La remobilisation pour défendre les droits des femmes touche aussi les sphères institutionnelles. Dans le domaine des relations internationales, elle s'incarne dans le concept de « diplomatie féministe », dont l'objectif est de placer la question des droits des femmes au cœur de l'action internationale des États. Trop longtemps, les droits des femmes ont été considérés comme un sujet secondaire, accessoire, voire inexistant dans la conception de la diplomatie. Et même pour les États qui ont intégré cette dimension dans leur politique extérieure, elle est trop souvent cantonnée à sa dimension de développement, c'est-à-dire à des projets et programmes de financement d'aide au développement dans des pays du Sud*, destinés à rééquilibrer les inégalités économiques et sociales entre femmes et hommes. Accès des femmes aux services de base comme l'eau, l'alimentation, l'hygiène et les infrastructures sanitaires, scolarisation des filles dans l'enseignement primaire et secondaire, accès à l'entrepreneuriat et à l'activité économique, à la formation professionnelle, aux structures de soin et de santé, lutte contre la mortalité maternelle et infantile, éradication des violences fondées sur le genre et pratiques néfastes sont autant d'axes de la politique de développement que la plupart des États ont intégrés.

Si tous ces domaines d'actions sont évidemment – et malheureusement – encore prioritaires et nécessaires, continuer d'envisager les droits des femmes uniquement sous l'angle d'un soutien à une population féminine désavantagée n'est pas suffisant. Tout d'abord parce qu'il existe toujours d'autres priorités qui vont primer sur l'égalité de genre, comme la coopération politique, les échanges économiques et commerciaux, le maintien de la sécurité, mais aussi les crises humanitaires et les urgences, les conflits, les populations réfugiées et les catastrophes climatiques. Trop souvent, l'impact disproportionné de ces crises sur les femmes est d'ailleurs négligé dans la définition des programmes d'aide.

Ensuite, parce que cette vision est trop restrictive. La vision féministe, à l'inverse, consiste à faire de la participation des femmes dans la société un levier puissant de transformation des sociétés. Elle permet de sortir d'un positionnement qui maintient les femmes dans un rôle de « victimes » ou de bénéficiaires de la générosité des États. Une diplomatie féministe, en quelques mots, consiste à intégrer *horizontalement* la question de l'égalité de genre dans toutes les composantes de la diplomatie : dans le maintien de la paix et de la sécurité internationales, dans la diplomatie économique, dans la politique extérieure commerciale, dans la diplomatie climatique et dans la diplomatie culturelle. On parle alors de « transversalisation » (*mainstreaming*), puisque les droits des femmes deviennent un élément transverse de la diplomatie, et non une seule composante isolée des autres. En parallèle, la diplomatie féministe s'attache également à intégrer *verticalement* l'égalité de genre dans l'appareil diplomatique. C'est-à-dire que tous les diplomates, quels que soient leur niveau de responsabilité et leur domaine de spécialisation, doivent prendre en compte les droits des femmes dans leur action quotidienne et stratégique. En d'autres termes, les droits des femmes sont l'affaire de toutes et tous dans la carrière diplomatique, et non d'une poignée de spécialistes convaincus.

C'est en 2014 que naît la première « diplomatie féministe » en Suède, sous l'impulsion de la ministre suédoise des Affaires étrangères, Margot Wallström – devenue depuis une icône pour les militantes des droits des femmes. Membre d'un gouvernement social-démocrate qui se proclame lui-même « féministe », Margot Wallström, qui fut représentante spéciale des Nations unies chargée de la lutte contre les violences sexuelles dans les conflits armés, a été durablement marquée par le peu de prise en compte de ce fléau par les États. Quelque temps après sa nomination, Mme Wallström annonce l'adoption par la Suède d'une diplomatie féministe. À l'époque, il apparaît incongru, voire déplacé aux yeux de certains, d'accoler le mot « féministe » à une institution publique. Dans le camp « conservateur », certains partis politiques et des acteurs de la vie publique voient dans les féministes un dangereux groupe d'activistes radicales (la fameuse image des militantes « qui brûlent leur soutien-gorge », héritée de Mai 1968) dont l'objectif est de saper les fondations de la famille et de priver les hommes de leurs droits. Pour ceux-là, un gouvernement ou une politique publique doit absolument s'abstenir d'adopter le point de vue de ces féministes. À l'opposé, dans le camp des activistes, certaines organisations non gouvernementales refusent le droit à un parti politique, une institution ou un gouvernement de se réclamer du féminisme – tant que le parti ou gouvernement en question n'a pas effectué un travail profond de remise en cause de ses fondements patriarcaux.

Lorsque Mme Wallström annonce fin 2014 que la politique extérieure de la Suède sera « féministe », les rires et les quolibets fusent, tant dans les médias, la sphère politique que dans la communauté internationale. Cette diplomatie féministe, dont les contours et le contenu ne sont pourtant pas encore connus, est immédiatement raillée et tournée en ridicule[1]. Qu'est-ce donc que la nouvelle lubie de ce petit pays scandinave ? La diplomatie n'est-elle pas un sujet sérieux, qui s'occupe de problèmes graves et urgents, comme la guerre et la paix, la sécurité internationale, le commerce, la rivalité des puissances, les menaces à l'équilibre mondial – et non des « problèmes de femmes » ? Dans certains cas, la notion est dévoyée de son sens et présentée comme une diplomatie qui serait exclusivement menée par des femmes, en excluant donc les hommes. Nombreux sont les observateurs pour lesquels le terme « féminisme » renvoie à une frange idéologique et militante de la société, à ne pas voir le lien entre la politique extérieure d'un État (maintien de la sécurité et de la stabilité mondiale, relations politiques et économiques entre États, échanges commerciaux, etc.) et la question de la place des femmes dans la société.

C'est donc cette transformation profonde de la théorie et de la pratique de la diplomatie que propose Margot Wallström. La volonté délibérée de mettre les droits des femmes au cœur de l'agenda diplomatique, et d'affirmer haut et fort une vision émancipatrice, constitue en effet une réponse à la poussée des gouvernements anti-droits. Face aux coups de boutoir des forces régressives, une action concertée, systématique et mobilisatrice est nécessaire. Pour ce faire, les gouvernements progressistes doivent remonter les droits des femmes dans l'agenda de leurs priorités stratégiques, à l'instar des gouvernements réactionnaires qui ont fait de leur combat pour un retour « aux valeurs familiales » une priorité de leur action internationale.

L'idée de Margot Wallström est d'institutionnaliser l'égalité de genre comme une priorité stratégique de la diplomatie suédoise. La diplomatie féministe devient un pilier de l'action du ministère des Affaires étrangères, et une marque de fabrique de la Suède. Afin d'ancrer cette politique dans la durée et dans la pratique, un cadre théorique et pratique est donné. Le *Manuel de diplomatie féministe* est un document accessible au grand public, qui pose les grands principes structurants de la diplomatie féministe et qui décline l'angle féministe à adopter dans les différents domaines de la diplomatie : politique étrangère et de sécurité, maintien et promotion de la paix, droits humains, démocratie et État de droit, désarmement et non-prolifération, politique de coopération et développement, commerce extérieur... Ce manuel fait aujourd'hui référence dans le monde entier, pour les États comme pour la société civile. Il a été rédigé de manière collaborative, à l'issue d'une vaste consultation de l'ensemble des diplomates suédois. Interrogés sur leurs priorités et sur les défis qu'ils rencontrent au quotidien dans la promotion des droits des femmes, ces diplomates ont pu partager leur propre conception de ce que devrait être une diplomatie féministe, et leurs propositions. Afin de mettre en œuvre la nouvelle politique, un poste d'ambassadrice pour l'égalité de genre est créé en 2014 et soutenu par une équipe dédiée.

La diplomatie féministe suédoise s'appuie sur trois grands principes, les trois « R » : *Rights* (droits des femmes et des filles), *Representation* (participation des femmes aux instances de décision) et *Resources* (allocation de ressources humaines et financières et financement des mouvements féministes), auxquels s'ajoute un quatrième « R » : *Reality* (ancrage de la diplomatie féministe dans la réalité locale). La diplomatie suédoise se donne donc pour objectif de combattre les discriminations et les violences qui limitent les droits des femmes et de promouvoir la représentation et la participation des femmes dans tous les lieux de pouvoir, qu'ils soient politiques, économiques, judiciaires, sécuritaires, médiatiques, locaux, nationaux ou internationaux. Elle s'engage également à dédier un budget et des effectifs spécifiques à cette politique, en exigeant de tous ses diplomates qu'ils placent ce sujet parmi leurs priorités. Ce cadre théorique permet d'ancrer la diplomatie féministe dans une approche fondée sur les droits, qui fait de l'égalité et l'effectivité des droits des femmes partout dans le monde une pierre angulaire de l'action de la Suède sur la scène internationale.

9.

La diplomatie féministe à l'épreuve de la Realpolitik

Neuf ans plus tard, à quoi a servi la diplomatie féministe suédoise ? S'agit-il seulement d'un slogan accrocheur, ou peut-on véritablement lui imputer certaines victoires ? Les effets restent difficiles à évaluer précisément, car les décisions de toute politique publique résultent toujours d'une multitude de variables et non d'un facteur unique, et les conséquences d'une politique peuvent prendre des années avant d'être visibles par les acteurs de terrain. Sans compter que la seule volonté ne suffit pas : avec les meilleures intentions du monde, même un pays puissant n'est pas toujours en capacité de faire changer durablement et profondément les choses sur la scène internationale. Il faut donc juger la Suède, comme les autres pays à diplomatie féministe, à l'aune des actions engagées et pas seulement des résultats, qui seront toujours décevants au regard des défis immenses à surmonter pour atteindre la pleine égalité.

Cette nouvelle diplomatie a connu son premier test dès l'année suivant son adoption, lorsque la ministre des Affaires étrangères Margot Wallström s'est retrouvée au milieu d'un incident diplomatique avec l'Arabie saoudite. En février 2015, Mme Wallström a prononcé un discours dénonçant l'oppression des femmes par l'État saoudien devant le Parlement suédois, et qualifié le traitement (1 000 coups de fouet et dix ans de prison) infligé au blogueur Raif Badawi engagé pour la liberté d'expression dans le royaume wahhabite de « médiéval », n'hésitant pas à fustiger « une tentative cruelle de faire taire les formes modernes de la liberté d'expression ». La réaction de l'Arabie saoudite n'a pas tardé : retrait de son ambassadeur à Stockholm, refus de visas aux hommes d'affaires suédois, déclaration publique de l'Organisation de la coopération islamique critiquant « l'expression ethnocentrique » de la ministre, et condamnation de ses propos par le Conseil de coopération du Golfe comme « une interférence inacceptable dans les affaires internes du royaume d'Arabie saoudite ». La participation de la ministre suédoise au sommet de la Ligue arabe, prévu un mois plus tard, est abruptement annulée sous pression saoudienne.

Ces réactions outrées ne sont pas sans lien avec un autre événement aux conséquences géopolitiques majeures qui se déroulait en parallèle. Quelques semaines après le discours de Mme Wallström, le gouvernement suédois avait décidé de ne pas renouveler un mémorandum de coopération militaire et d'échange de technologies d'armement avec le royaume saoudien. Cette décision était lourde de conséquences stratégiques et économiques pour la Suède qui, malgré une image de pays pacifique sur la scène internationale, est un important exportateur d'armes. A-t-elle été dictée par une nécessaire cohérence avec l'annonce de la diplomatie féministe ? Difficile de le savoir. Des facteurs de politique interne ont pu jouer. Le monde, et notamment le monde des mouvements féministes, était sous le choc : la diplomatie féministe serait-elle si puissante ?

La suite de l'histoire a montré néanmoins que ce n'est pas dans les coups d'éclat et les décisions sensationnelles que se jouent les succès de la diplomatie féministe – bien au contraire. En effet, la Suède envoya une délégation officielle en Arabie saoudite une semaine après le discours de Margot Wallström pour remettre des lettres du Premier ministre Stefan Löfven et du roi Charles XVI Gustave, dans le but explicite d'atténuer les tensions diplomatiques. Ces lettres, qui expliquaient que la ministre n'avait pas l'intention de critiquer l'Islam et présentaient des excuses officielles pour « toute incompréhension », répondaient notamment à l'inquiétude des industriels suédois soucieux des conséquences économiques néfastes engendrées par les frictions avec le royaume saoudien.

Margot Wallström, quant à elle, refusa de s'excuser mais elle allégua aussi d'une « incompréhension » de ses propos – une tactique diplomatique connue pour ne pas céder du terrain tout en évitant de faire perdre la face à l'interlocuteur. Depuis, les exportations d'armes suédoises vers l'Arabie saoudite n'ont pas décru. Elles ont même augmenté avec la guerre au Yémen, où les opérations militaires menées par l'Arabie saoudite et les Émirats arabes unis sont fortement critiquées par les ONG (bombardements d'infrastructures civiles sur des hôpitaux, écoles, marchés, sites de mariages, etc. selon Amnesty International[1]).

Les mésaventures de Margot Wallström après l'annonce de la diplomatie féministe ne doivent pas masquer les efforts réels et sérieux entrepris par le gouvernement suédois pour prioriser l'égalité de genre dans son action internationale depuis 2014. La Suède, pays de 10,5 millions d'habitants et 22e puissance économique mondiale, ne dispose pas des mêmes leviers politiques ou économiques que d'autres pays comme la France ou le Canada pour influer sur le cours de l'actualité internationale. Mais elle a mis à profit les périodes où elle présidait le Conseil de sécurité des Nations unies* (2017-2018) et l'Organisation de la sécurité et de la coopération en Europe (2021) pour placer les droits des femmes en haut de l'agenda de ces deux structures majeures du droit international. En tant que présidente du Conseil de sécurité, elle a systématiquement introduit une perspective de genre dans les discussions de paix et de sécurité, et insisté pour inclure des références à la place des femmes dans les mandats de mission de l'ONU et dans les déclarations officielles. Elle a œuvré pour que les violences fondées sur le genre et les violences sexuelles deviennent un critère de sanctions internationales.

La diplomatie féministe s'incarne aussi dans la visibilité accrue des femmes dans ces instances de pouvoir longtemps réservées aux hommes. Sous présidence suédoise, les représentants des ONG, et particulièrement des organisations de défense des droits des femmes, ont été régulièrement invités à « briefer » les membres du Conseil de sécurité – un privilège rare, qui offre une plateforme et une visibilité inédites à ces organisations pour plaider devant les grands de ce monde. Au total, la moitié des personnes extérieures invitées à intervenir devant le Conseil en 2018 étaient des femmes, un chiffre en hausse par rapport aux années précédentes.

En 2021, la présidence suédoise de l'OSCE[2], sous la direction de la ministre des Affaires étrangères Ann Linde, n'a pas connu un succès similaire. Alors que la Suède avait de nouveau annoncé faire de l'égalité de genre une des priorités de son mandat à la tête de cette organisation qui regroupe 57 États, dont la Russie, ses tentatives pour inclure davantage de femmes dans le processus de résolution des conflits n'ont pas été suivies. Lorsque la présidence suédoise a proposé une résolution affirmant la nécessité de renforcer la place des femmes dans la société pour promouvoir la sécurité mondiale, elle s'est heurtée aux vetos de la Russie et du Vatican.

Le ministère des Affaires étrangères suédois cite d'autres actions réussies menées dans le cadre de sa diplomatie féministe : l'inclusion de l'égalité de genre dans le traité de paix entre le gouvernement colombien et les FARC en 2016 ; l'adoption de nouvelles réglementations favorisant la participation et la représentation des femmes en politique en Moldavie et en Somalie ; l'évolution de la législation (lutte contre les violences fondées sur le genre, éradication des mutilations génitales féminines et des mariages précoces) dans une vingtaine de pays. Il est difficile d'évaluer dans quelle mesure la Suède a joué un rôle majeur dans ces avancées positives, mais il est clair que son leadership et son activisme diplomatiques ont contribué à mettre à l'ordre du jour les droits des femmes dans de nombreux lieux de pouvoir dont ils étaient largement absents auparavant.

Qu'en est-il de la diplomatie féministe suédoise en 2023 ? Au grand dam des ONG et des pays progressistes, le pays inventeur de la diplomatie féministe, considéré comme un modèle d'égalité de genre dans le monde entier, a élu en octobre 2022 une coalition de partis de droite et d'extrême droite. Juste après la présentation du nouveau gouvernement par le Premier ministre Ulf Kristersson, le nouveau ministre des Affaires étrangères, Tobias Billström, a annoncé que la Suède allait abandonner sa diplomatie féministe au prétexte que « l'étiquette est devenue plus importante que le contenu », notant néanmoins que « l'égalité de genre demeure une valeur centrale pour le gouvernement suédois[3] ». La décision d'abandonner le nom de « diplomatie féministe » pourrait relever davantage d'un coup d'éclat médiatique que d'un véritable retour en arrière. En effet, il ne semble pas que le ministère des Affaires étrangères suédois ait effectué des coupes importantes dans les budgets dédiés à l'égalité de genre. Son positionnement dans les instances multilatérales n'a pas considérablement varié, mais les ONG observent avec prudence toute évolution qui signalerait un revirement de position.

La décision d'abandonner la diplomatie féministe semble avoir été motivée par des considérations de politique intérieure, les partis de droite et d'extrême droite marquant ainsi leur différence avec le gouvernement social-démocrate précédent, et par des facteurs internationaux. L'adhésion de la Suède à l'OTAN et la tendance à la remilitarisation dans le contexte de la guerre en Ukraine ont conduit le gouvernement suédois à prioriser les dépenses militaires aux dépens de l'aide publique au développement. L'impact de cette annonce n'est pas anodin. Il envoie le signal d'un énième *backlash*, dans un pays pourtant connu pour son exemplarité et reconnu pour son action et son plaidoyer internationaux en la faveur de l'égalité de genre. Le revirement suédois rappelle avec force que les droits ne sont jamais éternellement acquis.

10.

Un concept qui fait florès, du Canada au Mexique

Si la Suède a donc quitté le club des diplomaties féministes en 2022, huit ans après en avoir été la pionnière, le concept a fait florès en une dizaine d'années. Le Canada (2017), le Luxembourg (2018), la France (2019), le Mexique (2020), l'Espagne (2020), l'Allemagne (2021) et la Libye (2021) ont successivement annoncé marcher dans les pas de la Suède. En 2022, ce sont trois pays qui ont rejoint le « club » : le Chili, les Pays-Bas et la Colombie. Enfin, début 2023, le gouvernement argentin a officialisé la création d'un poste de « représentante spéciale pour la politique extérieure féministe » au sein de son ministère des Affaires étrangères, et la Slovénie a également indiqué se doter d'une diplomatie féministe. Il est donc légitime de parler d'une tendance qui se confirme, avec une accélération récente.

On note la présence massive de pays du continent sud-américain, en partie grâce au leadership du Mexique – premier pays du Sud à se doter d'une *política exterior feminista*. Récemment, le Liberia faisait publiquement part de son intérêt à rejoindre le groupe, ce qui en ferait le premier pays africain à se doter d'une diplomatie féministe. D'autres pays du continent africain, sans aller jusqu'à s'approprier le terme « féministe », ont renforcé la prise en compte de l'égalité de genre dans leur action extérieure, comme le Gabon qui a adopté une « Diplomatie Femmes[1] » ou le Rwanda. En Asie, la Mongolie pourrait être le premier pays à annoncer une diplomatie féministe. En juin 2023, elle a organisé une réunion de femmes ministres des Affaires étrangères à Oulan-Bator, à laquelle ont participé la France, l'Allemagne, le Luxembourg, l'Afrique du Sud, l'Indonésie et l'Australie. À l'ONU, un collectif informel d'États intitulé « Friends of Feminist Foreign Policy+ » se coordonne dans le cadre de négociations, rassemblant plusieurs pays comme le Rwanda, la Tunisie, l'Albanie ou le Costa Rica qui n'ont pas – encore – adopté une diplomatie féministe.

Devant cette profusion de nouveaux adhérents, comment définir le concept de diplomatie féministe ? Il n'existe pas aujourd'hui de définition universelle. Le terme n'apparaît dans aucun convention ou traité international, et n'a été adoubé par aucune organisation multilatérale. Chacun des États cités précédemment a pris la décision d'annoncer sa diplomatie féministe selon son propre calendrier (non sans lien avec une dimension nationale, parfois sous la pression de la société civile), et selon ses propres termes, indépendamment des autres. Faut-il se diriger vers l'adoption d'un ensemble de règles et de critères applicables à tous les pays qui se réclament d'une diplomatie féministe ? Ou au contraire, laisser chaque État libre de son calendrier, de sa définition et de ses objectifs ? Les avis sont partagés, tant parmi les diplomates qu'au sein des organisations féministes qui se sont emparées du sujet.

En l'absence d'un cadre normatif contraignant, chaque pays s'est pour ainsi dire « spécialisé » sur un secteur ou une zone géographique, se démarquant ainsi de ses pairs. Ainsi, le Canada, dans sa « Politique d'aide internationale féministe » adoptée en 2018, s'appuie avant tout sur l'angle économique, partant du principe qu'il ne peut y avoir de développement économique ou durable sans la pleine participation des femmes à la vie politique, économique et sociale du pays. La diplomatie féministe canadienne se situe donc dans une logique d'assistance et d'aide au développement aux autres pays. En témoigne le lancement en 2018 du Fonds Égalité, un fonds de financement des associations féministes dans lequel le gouvernement canadien a annoncé investir 300 millions de dollars canadiens. Ce fonds, qui est devenu une des mesures phares du Premier ministre Trudeau dans son positionnement féministe international, s'appuie sur une méthode originale : des investissements à impact sont réalisés par des fonds d'investissement, qui réinjectent ensuite les recettes dans des subventions versées à des mouvements féministes.

Le Canada est ainsi le seul pays au monde avec la Suède à intégrer une perspective de genre dans sa politique de commerce extérieur. Ainsi, lorsqu'il négocie un traité de libre-échange avec un autre État, il considère que la promotion économique des femmes et la protection de leurs droits font partie intégrante des éléments de négociation. Pour ce faire, les négociateurs canadiens intègrent systématiquement un chapitre consacré aux effets de la libéralisation du commerce sur les femmes : soutien aux secteurs économiques majoritairement féminins et aux entreprises dirigées ou possédées par des femmes, renforcement des politiques d'égalité professionnelle dans le monde du travail et lutte contre les inégalités salariales, ou encore quotas réservés aux entreprises dirigées par des femmes dans les marchés publics.

L'exemple du Mexique est éminemment intéressant car il s'agit du premier pays du Sud* à avoir rejoint le groupe des diplomaties féministes. Pour la plupart des pays du Nord, la diplomatie féministe se traduit par une augmentation de l'aide publique au développement consacrée à l'égalité de genre. Mais pour un pays comme le Mexique, les ressources financières étant plus limitées, il est nécessaire de trouver d'autres canaux d'expression et de mise en œuvre d'une diplomatie féministe. C'est ainsi que le Mexique, sous l'égide du ministre des Affaires étrangères Marcelo Ebrard, s'est fait remarquer pour son leadership en faveur de la prise en compte des enjeux de genre dans les négociations climatiques. Les pays qui s'intéressent à l'impact disproportionné du changement climatique sur les femmes sont encore peu nombreux et peu actifs. À la COP25 qui s'est tenue en 2019 à Madrid, c'est le Mexique qui a été en première ligne parmi les États pour aboutir au « Programme renforcé de Lima sur le genre » et au « Plan d'Action Genre »[2].

La délégation mexicaine, en coordination étroite avec les organisations environnementales et féministes, a manifesté un véritable leadership lors de ces négociations[3], insistant sur le droit de chacune et chacun à bénéficier d'un environnement « propre, sain et durable » et sur la nécessité d'obtenir « l'accord libre, préalable et informé des populations autochtones » pour toute politique climatique qui les affecterait. À la COP27 en 2022, la secrétaire d'État mexicaine Martha Delgado a présenté le plan d'action national Genre et Climat du Mexique, dont l'objectif est d'inclure la participation des femmes et la perspective de genre dans les actions nationales d'adaptation au changement climatique.

L'adoption d'une diplomatie féministe par le Mexique a également eu des effets très directs et visibles sur la féminisation de son corps diplomatique. Les délégations de la Secretaría de Relaciones Exteriores (le ministère des Affaires étrangères mexicain) dans les grandes conférences internationales portant sur les enjeux globaux de développement durable et de droits humains sont souvent composées majoritairement de femmes. La feuille de route de la diplomatie féministe mexicaine comprend un volet interne important, avec l'objectif affiché d'atteindre la parité au sein du ministère et d'en faire un lieu dépourvu de toute violence basée sur le genre (harcèlement sexuel, agressions sexistes et sexuelles, etc.).

11.

La diplomatie féministe française

La France a également adopté une diplomatie féministe en 2019. Lancée par une tribune conjointe de Jean-Yves Le Drian, ministre de l'Europe et des Affaires étrangères, et Marlène Schiappa, secrétaire d'État chargée de l'Égalité entre les femmes et les hommes, celle-ci s'est incarnée dans une série d'initiatives, de financements et de programmes de soutien aux droits des femmes. La France n'a pas choisi un secteur ou un domaine spécifique pour concentrer son action féministe globale. Elle se distingue davantage dans la méthode : en concevant ou en collaborant à des initiatives de grande ampleur, co-portées avec des acteurs hors du champ diplomatique classique (ONG, secteur privé, banques de développement, fondations philanthropiques…), et en mettant l'égalité de genre à l'ordre du jour des grandes échéances internationales.

Ainsi, en 2019, la France présidait le G7, ce « club » des sept pays les plus puissants du monde (France, États-Unis, Royaume-Uni, Canada, Allemagne, Italie et

Japon, auxquels s'ajoute l'Union européenne). Dans la continuité de la tribune ministérielle fixant le cap de la nouvelle diplomatie féministe, de multiples projets ont été lancés afin de faire avancer l'égalité de genre en profitant de la « locomotive » que constituait le G7 en termes de visibilité et de capacité opérationnelle et financière. Un des projets phares du G7 est l'initiative AFAWA (Affirmative Finance Action for Women in Africa), qui part du constat que le continent africain compte le pourcentage le plus élevé de femmes entrepreneures dans le monde : une femme africaine sur quatre a créé ou gère une entreprise. Et pourtant ces femmes n'ont pas accès aux financements leur permettant de déployer leur capacité entrepreneuriale, pour de multiples raisons.

Les banques pratiquent souvent des taux d'intérêt prohibitifs lorsque des femmes entrepreneures sollicitent un prêt, car elles sont considérées comme des clients « à risque » dont la capacité de remboursement est instable – parfois les femmes se voient purement et simplement refuser les prêts. De plus, les cadres législatifs et réglementaires dans de nombreux pays comprennent des obstacles à la participation économique des femmes, comme l'interdiction de posséder un bien (terrain, maison, entreprise), l'absence d'autonomie financière et la subordination au mari (pour l'ouverture et la tenue d'un compte en banque, par exemple). Enfin, les femmes, moins éduquées et formées que les hommes, ne sont pas suffisamment dotées des outils et des connaissances nécessaires en gestion financière et commerciale pour répondre aux exigences des banques. Pour toutes ces raisons, le déficit en financement pour les entrepreneures africaines est estimé à 42 milliards de dollars.

Afin de répondre à ce besoin substantiel, la France a apporté son soutien à la Banque africaine de développement et à l'African Guarantee Fund, avec l'objectif de débloquer près de 5 milliards de dollars de financements pour les femmes sur le continent africain dans le cadre d'AFAWA. Grâce à des programmes d'assistance technique aux banques qui adaptent leurs services financiers aux besoins des entrepreneures, et la mise à disposition d'un fonds de garantie pour les prêts contractés par des femmes, AFAWA a franchi le cap de 1 milliard de dollars de financements approuvés pour des prêts aux femmes entrepreneures début 2023. La Banque africaine de développement a multiplié par sept le volume des investissements alloués aux petites et moyennes entreprises appartenant à des femmes entre 2021 et 2022[1].

Autre exemple de succès de la diplomatie féministe française : l'initiative Marianne pour les défenseurs des droits de l'Homme. En 2021, le président Emmanuel Macron a inauguré ce programme qui apporte soutien et protection à des femmes et des hommes qui luttent pour les droits humains* à travers le monde, parfois au péril de leur vie. Ce programme consiste d'une part à soutenir des militants des droits humains dans leur pays en leur apportant une aide juridique, financière, logistique ;

et d'autre part, à accueillir chaque année en France une quinzaine de ces militants qui sont en danger ou sous tension dans leur pays. Chaque promotion de militants accueillis en France bénéficie d'un hébergement, d'une bourse et d'un programme d'accompagnement personnalisé pour leur permettre de se former, de trouver des relais et de forger des synergies avec des acteurs locaux. En 2022, l'intégralité des bénéficiaires de cette initiative était des femmes, issues d'Afghanistan, de Birmanie, de Biélorussie, de Tanzanie, du Soudan, du Nicaragua, de Colombie, de Turquie, de Russie, de Syrie, de Palestine et d'Irak. Parmi elles, Anarkali Honaryar, docteure en médecine, est la première élue afghane à représenter la minorité hindoue et sikh au Parlement de son pays. Sa famille et elle ont été persécutées par les taliban, qui leur ont interdit d'exercer une activité professionnelle et même de converser avec des voisins ou des commerçants musulmans[2].

Le Dr. Nagham Hasan, gynécologue yézidie, soigne des femmes yézidies qui ont pu échapper à leur captivité sous Daesh en Irak et en Syrie, et les aide à se reconstruire sur le plan physique et psychologique. Elle est reconnue internationalement pour son action et son plaidoyer pour la reconnaissance du génocide yézidi et des violences sexuelles commises par Daesh. En 2023 ont été accueillies, entre autres, dans le cadre de l'initiative Marianne : Virginia Roque Aguilar, écoféministe salvadorienne militant pour l'inscription du droit de l'accès à l'eau dans la Constitution du Salvador et engagée contre un projet de construction mettant en péril une zone d'habitation indigène ; ou encore Safina Virani, militante ougandaise dont l'organisation Frauen Initiative Uganda propose des soins médicaux et des conseils juridiques et psychologiques aux femmes victimes d'agressions sexuelles.

Enfin, la France a créé en 2020 le Fonds de soutien aux organisations féministes. Co-créé et co-géré avec les ONG, ce fonds a apporté un soutien financier et technique à plus de 1 000 associations féministes dans 75 pays du Sud, pour un montant de 135 millions d'euros en trois ans.

Les diplomaties féministes sont un élément de réponse de la part de certains pays progressistes pour faire face au *backlash* de ces dernières années. Ce concept novateur, mal accepté ou mal compris, mérite d'être étudié et approfondi car il constitue une approche globale, qui place les droits des femmes au cœur de l'action internationale des gouvernements. En faisant du combat pour l'égalité une priorité politique, qui bénéficie du soutien affiché des plus hautes autorités et de budgets conséquents, ces pays assument une position claire sur l'échiquier des puissances. Face aux partis et dirigeants qui déroulent un programme anti-droits, ils affirment que la défense et la promotion des femmes sont des conditions indispensables de la survie de nos démocraties et de nos valeurs. Ils contredisent aussi ces pays ou organisations qui prétendent que le combat féministe serait une lubie occidentale, en renvoyant ces mêmes pays à leurs propres obligations internationales et en réaffirmant haut et fort que les droits des femmes sont universels.

Enfin, on ne peut parler d'une diplomatie féministe sans évoquer les aspects internes, c'est-à-dire l'objectif d'atteindre une parité effective et de promouvoir davantage de femmes aux postes à responsabilité au sein de la diplomatie. En France, en 2021, le ministère de l'Europe et des Affaires étrangères a atteint pour la première fois l'objectif de 40 % de primo-nominations[3] de femmes à des postes d'ambassadrice et d'encadrement. Le pourcentage d'ambassadrices et de consules générales a doublé en moins de dix ans, passant de 14 % en 2012 à 29 % en 2022, et les écarts de rémunération ont également été réduits. En Suède, le corps diplomatique compte autant de femmes que d'hommes aux plus hauts postes, mais d'autres pays sont encore loin du compte. La question de la représentativité des femmes dans la diplomatie, la sécurité et les armées est évidemment centrale lorsqu'un pays porte une politique de promotion des femmes sur la scène internationale.

12.

Le combat pour le droit à disposer de son corps

Le combat pour l'égalité de genre* recouvre des champs très nombreux. Faire respecter les droits des femmes consiste d'abord à faire cesser la « pandémie de l'ombre[1] », les violences faites aux femmes. Les révélations de #MeToo dès 2007 et l'entrée dans le débat public du mot « féminicide » ont contraint les gouvernements et les institutions à prendre à bras-le-corps ce fléau qui persiste dans tous les milieux et dans tous les pays, du Nord ou du Sud*. Parallèlement, l'égalité économique et professionnelle, qui touche à l'égalité salariale, aux discriminations à l'emploi, à la répartition genrée des métiers et à l'impact de la prise en charge des tâches domestiques sur les carrières des femmes, est également devenu un objet de préoccupation des politiques publiques. Le « plafond de verre », c'est-à-dire l'impossibilité pour les femmes d'accéder à des postes à responsabilité dans toutes les organisations hiérarchiques, demeure une réalité dans la plupart des secteurs professionnels mais aussi dans le monde politique et médiatique. Mais l'atteinte d'une véritable égalité de genre, en droit comme en pratique, nécessite en réalité une approche féministe holistique, qui consiste à appliquer une lecture genrée à tous les phénomènes de société et tous les domaines de l'action publique. La transition écologique, la révolution numérique, la cybersécurité, l'alimentation durable, le mal-logement, les retraites, le système de santé, l'éducation, et bien d'autres sujets encore : les inégalités sont partout, et tous les acteurs de la société doivent créer les conditions pour que les femmes puissent jouir pleinement de leurs droits.

La géopolitique, les relations entre États, le jeu des puissances, les Nations unies : le système international et diplomatique s'est saisi de ce sujet. Une bataille se déroule, sur scène comme en coulisses, autour de la liberté des femmes et de leur rôle dans la société. Elle s'incarne avant tout dans un affrontement autour de leur corps et de ce que l'anthropologue et féministe Françoise Héritier a nommé « le privilège exorbitant d'enfanter[2] ». C'est précisément parce que les femmes sont les seules à détenir la capacité biologique de porter et donner la vie que les hommes, partout et à toutes les époques, ont cherché à les assujettir – afin de contrôler la reproduction de l'espèce et d'assurer leur filiation. Cet immense pouvoir féminin, celui de concevoir et d'enfanter, est la source de leur aliénation et de la domination masculine à travers les âges. Inversement, lorsque les femmes ont repris progressivement la maîtrise de leur corps, de leur fécondité et de leur sexualité au XXe siècle, elles ont mené, selon l'anthropologue, une « révolution essentielle[3] ».

Cette révolution, que beaucoup ont crue définitive, est néanmoins loin d'être achevée. Un peu partout dans le monde, elle est menacée, soumise aux coups de boutoir d'une contre-révolution conservatrice, qui vise à reprendre le contrôle sur le corps des femmes, sur leur appareil reproductif et leur sexualité. Elle est également fragilisée par la prolifération des crises humanitaires et sanitaires, au cours desquelles on observe systématiquement une régression de l'accès aux droits et à la santé sexuels et reproductifs*. Ainsi, entre 2020 et 2022, la pandémie de la Covid-19 a porté un coup d'arrêt brutal aux services de contraception, qui comptent parmi les services de santé qui ont souffert le plus d'interruptions pendant la période du confinement. Selon l'UNFPA*, ces interruptions de services et ces ruptures d'approvisionnement ont provoqué 1,4 million de grossesses non intentionnelles en 2020[4]. La pandémie a également provoqué une recrudescence des mariages forcés, auxquels les familles ont recours afin d'augmenter les revenus du foyer dans un contexte économique difficile, et des pratiques de mutilations génitales : « 2 millions de cas supplémentaires de mutilations génitales féminines pourraient avoir lieu dans les dix prochaines années, alors qu'ils auraient pu être évités, ce qui équivaudrait à une réduction de 33 % des progrès vers l'élimination de ces pratiques[5] », soit 68 millions de filles qui risquent d'être victimes de ces mutilations entre 2015 et 2030.

Plus récemment, la guerre en Ukraine a également fortement perturbé les services de santé sexuelle et reproductive* pour les femmes ukrainiennes, qu'elles soient restées en Ukraine ou qu'elles aient fui dans les pays limitrophes (Pologne, Roumanie, Moldavie). Alors que les violences sexuelles liées aux conflits se sont multipliées et sont utilisées comme arme de guerre, l'UNFPA et le Haut-Commissariat aux Réfugiés s'efforcent de procurer une aide médicale et un soutien psychosocial aux survivantes de ces violences. Des cliniques mobiles, des services en ligne ou des numéros d'urgence qui fournissent les informations et les services de santé nécessaires aux femmes et aux filles ont été mis en place dans les zones isolées et/ou ravagées par la guerre. Malgré tout, les produits de contraception et d'avortement ont souffert d'importantes interruptions en approvisionnement et en livraison, de même que les produits essentiels de santé et d'hygiène féminines. L'ONU estime que pour répondre aux besoins de 11 millions de femmes ukrainiennes sur l'année 2023, une aide financière d'urgence de 99 millions de dollars est nécessaire[6].

Les progrès enregistrés au cours des vingt dernières années en matière de maîtrise de la reproduction (contraception, avortement), de santé reproductive, de liberté à disposer de son corps, d'orientation sexuelle et d'identité de genre sont remarquables. Pour désigner l'ensemble de ces droits et libertés, le terme de « droits et santé sexuels et reproductifs » (DSSR*) constitue l'expression consacrée, utilisée très largement par les États, les institutions internationales et les organisations de la société civile. Dans leur définition la plus exhaustive possible, les DSSR désignent les droits « de toute personne de prendre des décisions libres, informées et responsables et d'exercer un contrôle entier sur les aspects élémentaires de sa vie privée – corps, sexualité, santé, relations avec autrui, liberté de se marier ou non, d'avoir ou non des enfants, et le cas échéant, choix du moment et du partenaire – sans s'exposer à une quelconque forme de discrimination, de stigmatisation, de contrainte ou de violence que ce soit. Ceci recouvre le droit de jouir de sa propre sexualité et de l'exprimer, de pouvoir – sans ingérence extérieure – prendre des décisions personnelles concernant sa sexualité et la procréation, ainsi que d'avoir accès à l'information, à l'éducation et aux services en matière de santé sexuelle et procréative[7] ».

Les droits et santé sexuels et reproductifs recouvrent donc de nombreux sujets : accès aux moyens de contraception et de planification familiale, droit à l'avortement et aux soins post-avortement, éducation complète à la sexualité, santé de la mère et du nouveau-né, éradication des mutilations génitales et des mariages précoces, santé sexuelle et reproductive, lutte contre le VIH et les infections sexuellement transmissibles. Parce qu'ils touchent directement au corps des femmes, et donc au fondement de leur autonomie, ces droits cristallisent de nombreux débats, le plus souvent houleux, au sein des instances internationales. S'ils font partie du corpus des droits humains et des libertés fondamentales de chaque personne, ils touchent également aux enjeux démographiques et aux politiques de santé publique. Ils forment un socle pour le développement durable des sociétés et pour l'autonomisation des femmes.

La première conférence internationale consacrée aux enjeux de « population et développement », à l'époque où le terme DSSR n'était pas consacré, eut lieu au Caire en 1994, suivie vingt-cinq ans plus tard de la conférence de Nairobi, qui échoua à forger un nouveau consensus avec l'ensemble des États membres de l'ONU pour faire avancer ces droits[8]. La Commission de la population et du développement, qui fait partie du Conseil économique et social (un des six organes des Nations unies), est chargée du suivi de la mise en œuvre des engagements du Caire et se réunit chaque année lors d'une session de haut niveau. L'Objectif de développement durable n° 3, qui porte sur la santé et le bien-être, consiste aussi à assurer « d'ici à 2030, l'accès de tous à des services de soins de santé sexuelle et procréative, y compris à des fins de planification familiale, d'information et d'éducation, et la prise en compte de la santé procréative dans les stratégies et programmes nationaux ». En théorie donc, les textes internationaux sont censés protéger ces droits et les États les mettre en œuvre.

13.

Le droit à l'avortement, attaqué de toutes parts

Force est de constater, *a contrario*, que dans de très nombreux pays les droits sexuels et reproductifs sont en recul. L'Amérique du Sud détient le triste record du sous-continent qui criminalise le plus le recours à l'avortement ou à la contraception, et où les féminicides et les violences fondées sur le genre atteignent des proportions exorbitantes[1]. Quatre États (la République dominicaine, le Salvador, le Honduras et le Nicaragua) vont jusqu'à interdire l'avortement en toutes circonstances, quels que soient le danger pour la vie de la mère et la viabilité du fœtus. La majorité des autres pays de la région ne l'autorise que dans des circonstances particulières, comme la mise en danger de la vie de la mère, une grave malformation du fœtus ou une situation de viol ou d'inceste. Au Salvador, l'interruption de grossesse est souvent jugée comme homicide aggravé : les femmes l'ayant pratiquée encourent des peines allant de 30 à 50 ans de prison. Au cours des vingt-cinq dernières années, 195 condamnations pour avortement ont été prononcées.

Ce pays se situe aujourd'hui au centre de l'attention internationale avec l'affaire Beatriz, dont le dénouement pourrait faire basculer le continent d'un côté ou de l'autre dans la bataille féroce qui se joue autour du droit à l'avortement[2]. Beatriz est une jeune Salvadorienne qui s'est vu refuser un avortement en 2013, alors même qu'elle souffrait d'une maladie auto-immune, que sa grossesse mettait en péril sa vie et qu'il était prouvé que son fœtus n'était pas viable. En toute connaissance de cause, la Cour suprême du Salvador avait rejeté la demande d'avorter de Beatriz, dont le bébé est mort quelques heures après son accouchement forcé. Après le décès de la jeune femme quatre ans plus tard, sa famille a décidé de porter sa cause auprès de la Cour interaméricaine des droits de l'Homme, une juridiction régionale de l'Organisation des États américains. La Cour sera amenée à statuer dans les prochains mois sur la question fondamentale suivante : l'interdiction de l'avortement prononcée à l'encontre de Beatriz constitue-t-elle une violation de ses droits humains et une forme de torture à son encontre ? La décision de la Cour est attendue avec fébrilité par les organisations féministes et par leurs opposants : si elle venait à répondre positivement à cette question, le Salvador et d'autres États sud-américains seraient contraints de modifier leur législation et de dépénaliser l'interruption volontaire de grossesse.

L'enjeu est tel qu'il donne lieu à une mobilisation sans précédent des camps pro- et anti-avortement. Les mouvements religieux états-uniens et sud-américains ont lancé une campagne particulièrement agressive contre la famille de Beatriz et les associations qui portent l'affaire auprès de la Cour interaméricaine des droits de l'Homme, mais aussi – fait plus rare – contre la Cour elle-même. Sur les réseaux sociaux, cette campagne de diffamation et de désinformation, orchestrée par le Global Center for Human Rights (une ONG créée aux États-Unis en 2021 qui entretient des liens avec des organisations mexicaines, argentines et salvadoriennes), cherche à discréditer Beatriz et les ONG qui soutiennent la plainte. En prétendant que la jeune femme était « simple d'esprit » et incapable de prendre des décisions par elle-même, ces organisations vont jusqu'à affirmer que la grossesse ne posait aucun risque pour sa santé (en dépit de toutes les preuves médicales) et que Beatriz aurait été kidnappée, manipulée et torturée psychologiquement par des organisations pro-avortement pour la forcer à porter plainte auprès de la Cour. Les opposants font usage d'un autre argument particulièrement pernicieux, que l'on retrouve régulièrement dans les discours anti-choix : celui du handicap. Selon eux, l'avortement constituerait un cas d'eugénisme, puisque le fœtus aurait été « tué » en raison du handicap qu'il portait. Or dans le cas de Beatriz, le fœtus souffrait d'une anencéphalie, c'est-à-dire l'absence d'hémisphères cérébraux, qui ne constitue pas un handicap mais rend nulle la probabilité de survie.

Un député du Costa Rica (le pays où siège la Cour interaméricaine des droits de l'Homme), qui est également pasteur évangélique, a quant à lui rassemblé les signatures de plus de 300 parlementaires de toute l'Amérique latine sur une déclaration qui attaque frontalement les organisations de soutien à Beatriz et remet en cause la légitimité de la Cour à traiter une affaire qui relève, selon eux, de la souveraineté du Salvador. Des initiatives similaires sont menées par des parlementaires en Colombie, au Pérou et en Argentine. L'équipe d'avocats de la famille de Beatriz, la famille elle-même et les praticiens hospitaliers sont la cible de campagnes de dénigrement, de harcèlement, d'insultes et d'intimidations d'une grande violence.

La virulence de la campagne contre Beatriz témoigne d'une capacité de mobilisation de haute intensité des mouvements anti-droits* aux États-Unis et en Amérique latine, mais aussi de leur nervosité dans le contexte actuel. Récemment, la Cour interaméricaine des droits de l'Homme avait en effet déjà condamné le Salvador dans le cas de Manuela, une jeune femme emprisonnée pour avoir fait une fausse couche (considérée également comme un homicide) et décédée d'un cancer en prison, faute d'avoir reçu les traitements adéquats. La Cour avait estimé que l'État salvadorien avait violé le droit à la vie, à la santé, aux garanties légales et à l'absence de discrimination et de violences fondées sur le genre de la jeune femme. Récemment, le président salvadorien, qui s'est exprimé en faveur de l'assouplissement des lois salvadoriennes mais qui ne dispose pas de la majorité au Parlement, a fait libérer certaines femmes emprisonnées pour avortement en recourant à des circonstances atténuantes.

Le continent sud-américain ne détient pas le triste monopole de la criminalisation et de l'emprisonnement des femmes ayant avorté. En Europe, les femmes polonaises sont également sujettes à l'interdiction totale de l'IVG sauf en cas de viol, d'inceste ou de risque pour la vie de la mère. La prohibition de l'avortement pour anomalie du fœtus (« avortement thérapeutique ») par la Cour constitutionnelle polonaise est entrée en effet en janvier 2021 ; en l'espace de deux ans, au moins trois femmes sont décédées en raison de l'impossibilité d'avoir accès à un type d'avortement thérapeutique[3]. En mars 2023, un tribunal polonais a condamné pour la première fois une militante féministe pour avoir aidé une femme à avorter. Justyna Wydrzyńska est la cofondatrice d'Abortion Dream Team, un collectif qui fait campagne pour l'avortement. Elle a été condamnée à huit mois de travaux d'intérêt général non rémunérés, à raison de trente heures par mois, pour avoir envoyé une pilule abortive à une femme enceinte victime de violences conjugales, que son mari empêchait de quitter le pays pour avoir recours à un avortement[4]. Le même mois aux États-Unis, le gouverneur républicain du Wyoming a interdit l'utilisation de pilules abortives et restreint l'accès à l'IVG sauf dans certaines circonstances (viol, inceste, risque vital). Une bataille est menée par de nombreuses organisations anti-avortement pour faire interdire la mifépristone, un médicament abortif, sur l'ensemble du territoire américain.

Dans de nombreux pays, des forces contradictoires et diamétralement opposées sont à l'œuvre, entre militantes féministes pro-avortement et mouvements conservateurs et religieux anti-avortement. Paradoxalement, des régressions en matière de droits sexuels et reproductifs* sont parfois suivies d'avancées importantes, qui passent souvent inaperçues. Au Pérou, la Cour constitutionnelle a autorisé la distribution gratuite de la pilule du lendemain dans les centres de santé, au moment même où le parlement votait une loi qui donne aux proches d'une femme enceinte (sa famille, son conjoint) le droit de décider de l'opportunité d'un avortement et qui attribue au fœtus un statut juridique – selon le code civil péruvien, la vie commence au moment de la conception. Le Honduras, un des rares pays où l'avortement est prohibé quelle quel soit l'état de santé de la femme enceinte, vient également d'autoriser la vente de la pilule du lendemain sous l'impulsion de Xiomara Castro, la première femme présidente du pays. Au Japon, le ministère de la Santé a approuvé en mai 2023 la vente de la première pilule abortive, alors que seul un avortement chirurgical était autorisé jusqu'à présent. Le consentement d'un tiers est requis dans ce pays pour pratiquer une IVG.

En Afrique, très rares sont les pays à autoriser l'avortement, alors même que le Protocole de Maputo à la Charte africaine des droits de l'Homme, adopté en 2003 par 49 États du continent, garantit explicitement le droit à l'avortement médicalisé « en cas d'agression sexuelle, de viol, d'inceste et lorsque la poursuite de la grossesse compromet la santé mentale et physique de la mère ou la vie de la mère ou du fœtus[5] ». En juillet 2022, la Sierra Leone a rejoint le petit groupe des États africains qui ont décriminalisé l'avortement, après le Bénin (en 2021), la Tunisie (depuis 1973), le Cap-Vert, la République démocratique du Congo, le Kenya, le Mozambique et l'Afrique du Sud. En Asie, c'est la Thaïlande qui a légalisé l'avortement en 2021 jusqu'à douze semaines de grossesse, puis allongé le délai à vingt semaines sous certaines conditions une année plus tard. La Cour constitutionnelle de l'Inde a levé l'interdiction aux femmes d'avoir recours à l'IVG, qui reste néanmoins limitée à des situations de viol, d'anomalie fœtale ou de handicap.

Certains gouvernements maintiennent l'interdiction légale de l'avortement mais n'hésitent pas à recourir à des moyens détournés. Au Bangladesh, où le code pénal issu de l'époque coloniale prohibe toujours la procédure sauf en cas de danger pour la vie de la mère, la méthode de la « régulation menstruelle » est autorisée depuis 1979 dans le cadre de la politique nationale de planification familiale. Cette procédure correspond en réalité à la méthode de Karman, un acte médical consistant à aspirer le contenu utérin qui est utilisé pour les IVG chirurgicales. Officiellement, la régulation menstruelle est autorisée pour les femmes dont les règles se sont arrêtées... mais en l'absence de certificat ou de preuve de grossesse.

Les progrès en matière de droit à l'avortement sont le résultat de décisions politiques, mais aussi du travail acharné de nombreuses organisations de la société civile, celles-ci œuvrent sur le terrain pour apporter des solutions abortives aux femmes dans le besoin et dans les enceintes internationales pour plaider en faveur de la dépénalisation de l'avortement. Citons des ONG internationales comme la Fédération internationale du Planning Familial, Ipas, Marie Stopes International, le Center for Reproductive Rights, l'Institut Guttmacher, le Safe Abortion Action Fund, ou encore l'initiative She Decides. Certaines de ces ONG offrent des conseils et des informations en matière de contraception et d'avortement, forment des professionnels de santé, délivrent des produits contraceptifs et pratiquent des IVG dans des centres médicaux. D'autres plaident auprès de l'ONU, des États et des organisations internationales pour prioriser la santé sexuelle et reproductive dans les négociations internationales et dans les budgets d'aide publique au développement, et pour légaliser l'avortement.

Des ONG de terrain se sont spécialisées dans l'aide d'urgence dans des pays où l'avortement est illégal. En Europe, Women on Waves, une organisation néerlandaise, s'est fait connaître pour des livraisons de pilule abortive par drones au-dessus de la frontière entre l'Allemagne et la Pologne, destinées aux Polonaises[6]. Abortion Without Borders est un collectif de six ONG de nationalités diverses, qui délivre des pilules abortives par la poste et qui aide des femmes polonaises à sortir de leur pays pour avorter dans un pays voisin. Fondé en 2019, le collectif indique avoir accompagné 1 186 femmes en dehors du pays en 2020.

14.

L'accès à la contraception, un enjeu global

La question de l'avortement, qui cristallise la bataille autour des valeurs entre progressistes et conservateurs, est indissociable de la maîtrise par les femmes de leur appareil reproductif. Dans le monde, plus de 60 % des grossesses non intentionnelles aboutissent à un avortement, et près de 45 % de ceux-ci sont non médicalisés[1], c'est-à-dire pratiqués par un personnel non professionnel et/ou dans un environnement non médical. Or les avortements non médicalisés constituent une des principales causes de mortalité maternelle. Le coût en vies humaines est exorbitant et devrait être érigé en urgence de santé publique par les gouvernements. Les avortements non médicalisés pèsent aussi financièrement sur les systèmes de santé : selon l'UNFPA, 553 millions de dollars[2] sont dépensés chaque année pour prendre en charge et soigner les femmes ayant avorté dans des conditions précaires, le plus souvent lorsque l'avortement est illégal.

En 2022, l'UNFPA publiait son rapport annuel intitulé « Comprendre l'imperceptible » (*Seeing the Unseen*), consacré aux grossesses non intentionnelles. Pour la première fois, un rapport officiel des Nations unies établit que la moitié des grossesses dans le monde – soit 121 millions de femmes enceintes, 331 000 par jour en moyenne – « ne sont pas le fait d'un choix délibéré de la part des femmes et des filles ». Ce chiffre alarmant « prouve l'incapacité de la communauté internationale à garantir le respect d'un droit éminemment fondamental[3] ». Ce droit, reconnu par la Convention sur l'élimination de toutes les formes de discrimination à l'égard des femmes (1979) et consacré par la conférence de Nairobi (1994), appartient à tout individu et tout couple : décider ou non d'avoir des enfants, déterminer le nombre et l'espacement des naissances, et avoir accès aux informations fiables et aux moyens nécessaires pour faire ces choix en toute liberté et en toute conscience. Dès lors que chaque individu ne peut disposer de son corps librement et n'est pas autonome sur le plan reproductif, ce droit est bafoué.

Pour éviter les grossesses non intentionnelles, encore faut-il que les femmes puissent avoir accès à des contraceptifs de qualité et adaptés à leurs besoins. Selon le rapport de l'UNFPA, « 257 millions de femmes souhaitant éviter une grossesse n'ont pas recours à des méthodes contraceptives modernes et sûres et, parmi elles, 172 millions n'utilisent aucun moyen de contraception ». Un rapport de l'Institut Guttmacher[4] estime que si toutes les femmes dans le monde avaient accès à un moyen de contraception moderne, ainsi qu'à des soins adéquats pour les femmes enceintes et les nouveau-nés, le taux de grossesses non désirées baisserait de trois quarts, la mortalité maternelle chuterait de 300 000 décès par an à 84 000, et la mortalité infantile de 2,7 millions à 538 000.

Le programme UNFPA Supplies, lancé en 2008, a pour objectif de satisfaire ces besoins en matière de planification familiale. Issu d'un partenariat entre plusieurs États – Royaume-Uni, Pays-Bas, Australie, France, Luxembourg, Union européenne – et des fondations philanthropiques, ce programme a la particularité d'assurer l'achat mais aussi la distribution de contraceptifs « jusqu'au dernier kilomètre », en s'assurant que même les femmes vivant dans les zones les plus reculées, très éloignées des centres urbains et dans les pays les moins avancés, soient desservies. Le programme prend en charge les coûts logistiques de transport, d'emballage, d'échantillonnage, de test des produits, et bénéficie d'une approche ciblée dans chacun des 50 pays où il est actif (dont 36 pays africains). Dans ces pays parmi les plus pauvres au monde, où les taux de mortalité maternelle et infantile sont encore élevés, UNFPA Supplies est devenu le premier pourvoyeur de produits contraceptifs pour le secteur public. Un tel programme ne peut être efficace sans un volet d'accompagnement des gouvernements des pays en question : ceux-ci sont incités et formés à intégrer la santé reproductive et la planification familiale dans leurs politiques de santé publique. En une dizaine d'années, le programme estime avoir empêché 89 millions de grossesses non intentionnelles, 26 millions d'avortements à risque, 227 000 décès maternels et 1,4 million de décès d'enfants. C'est aujourd'hui le premier fournisseur mondial de contraceptifs gratuits.

Les organisations engagées dans les droits et santé sexuels et reproductifs* parient de plus en plus sur des programmes taillés à l'échelle locale, adaptés aux spécificités d'une région, et alliant États, institutions internationales et organisations de la société civile. C'est le cas du Fonds Muskoka, lancé en Afrique en 2010 par la France en partenariat avec quatre agences de l'ONU : l'UNFPA, Unicef, l'Organisation mondiale de la santé et ONU Femmes*. Ce fonds, qui a déboursé 170 millions d'euros en dix ans, a pour objectif de réduire la mortalité maternelle, néonatale et infantile, de promouvoir la planification familiale, d'assurer des soins de qualité et un accès aux médicaments pour femmes, nouveau-nés et enfants, de garantir l'accès des adolescents (et surtout des adolescentes) à la santé sexuelle et reproductive des jeunes et, *in fine,* d'autonomiser les femmes. Dans dix pays d'Afrique de l'Ouest et du Centre[5], le fonds appuie les gouvernements pour qu'ils allouent 15 % de leur budget aux dépenses de santé et qu'ils coordonnent leurs stratégies en matière de DSSR avec les stratégies internationales. Les résultats de cette action ciblée, qui implique plusieurs acteurs étatiques et internationaux avec une forte présence locale, sont remarquables : plus de 70 000 personnels de santé ont reçu une formation ; la mortalité maternelle a baissé de 17 % en moyenne et la mortalité néonatale de 22 % entre 2010 et 2017. Au Bénin par exemple, la prévalence de l'utilisation de la contraception par les femmes est passée de 10,5 % en 2012 à 17 % en 2022 et le taux d'accouchements assistés par un personnel de santé a atteint 85 % en 2020[6].

Le succès du Fonds Muskoka s'explique par une « décentralisation » des services de planification familiale au plus proche des femmes et des familles, en s'appuyant sur les « agents de santé communautaire » formés par le fonds. Les agents de santé communautaire sont des personnes directement issues des villages et des communautés, qui vivent parmi les familles et qui sont formées par le fonds pour distribuer les produits contraceptifs. Ils assurent aussi l'éducation et la sensibilisation aux enjeux de santé, la prévention (notamment des maladies sexuellement transmissibles), les visites à domicile et le suivi global des populations. Leur efficacité est reconnue à « haut impact » par les organisations internationales, du fait de leur proximité géographique et culturelle avec les bénéficiaires.

Le Fonds Muskoka innove également en capitalisant sur de nouveaux canaux d'action, comme les médias et les réseaux sociaux, pour sensibiliser les populations aux droits et santé sexuels et reproductifs et pour faire passer les messages importants en matière de contraception, de sexualité et de violences – des sujets le plus souvent tabous. Une série télévisée à succès, intitulée *C'est la vie !* et produite par l'ONG RAES et la société de production sénégalaise Keewu, a ainsi été conçue. Diffusée sur 44 chaînes locales de pays d'Afrique subsaharienne et sur des chaînes panafricaines, en anglais et en français, la série met en scène plusieurs femmes dans un centre de santé à Dakar. Confrontées aux questions de maternité, d'avortement, de violences domestiques, mais aussi de mariage précoce, de mutilation génitale ou encore de polygamie, les personnages féminins suscitent l'identification et l'empathie des téléspectateurs. Selon les producteurs de la série, « 70 % des téléspectateurs indiquent avoir appris que les femmes doivent avoir les mêmes opportunités que les hommes, 68 % que les femmes doivent être libres de décider ce qu'elles veulent faire de leur vie, et 71 % que la taille des familles doit être limitée[7] ». En accès libre sur Internet, cette série d'« éducation par le divertissement » est également déployée par des campagnes sur les radios et les réseaux sociaux.

Les droits et santé sexuels et reproductifs recouvrent également toutes les violations subies par les femmes et les filles dans leur intégrité corporelle, qui relèvent des violences physiques et psychologiques et de l'entrave à la libre disposition de son corps. Les mutilations génitales en sont une manifestation, une pratique encore répandue au XXIe siècle malgré une prise de conscience de plus en plus importante et une mobilisation d'ampleur. L'ONU estime que le nombre de femmes qui ont subi des mutilations génitales s'élève à 200 millions, réparties dans 30 pays en Afrique, au Moyen-Orient et en Asie ; environ un quart d'entre elles ont moins de 15 ans. Dans certains pays comme le Soudan, la Somalie et l'Éthiopie[8], le pourcentage de femmes ayant subi une mutilation génitale s'élève à plus de 90 %. Chaque année, plus de 4 millions de filles supplémentaires pourraient en être victimes[9]. Ces mutilations, considérées comme un rite de passage mais prohibées par l'islam et le christianisme, constituent du point de vue du droit international une violation du droit à une vie exempte de torture, du droit à l'intégrité physique et des droits de l'enfant. Elles provoquent des immenses souffrances physiques et psychologiques, sur les court, moyen et long termes, et sont à l'origine de graves complications médicales (hémorragies, infections, transmission du VIH, infertilité), voire parfois de la mort de la victime. La communauté internationale les reconnaît comme une violation des droits humains depuis la première résolution adoptée sur le sujet par l'Assemblée générale des Nations unies en 2012[10]. L'élimination des pratiques néfastes, dont font partie ces mutilations de même que les mariages forcés et/ou précoces, est également une cible de l'Objectif de développement durable n° 5, qui porte sur l'égalité de genre.

Ces mutilations sont parfois exercées par des professionnels de santé dans un environnement médical, laissant croire à celles et ceux qui les pratiquent qu'elles seront sans conséquences. Selon l'UNFPA, un quart des femmes entre 15 et 49 ans et un tiers des adolescentes (15-19 ans) ayant subi des mutilations génitales ont été excisées par un professionnel de santé, le plus souvent une sage-femme. La mobilisation de ces professionnels pour qu'ils cessent de pratiquer ces actes est un des axes essentiels des stratégies d'éradication de ce phénomène, de même que le travail avec les chefs de village et les leaders religieux qui ont autorité sur les communautés. L'UNFPA et l'Unicef ont lancé un programme conjoint de lutte contre les mutilations génitales féminines dans 17 pays, qui a fourni des services de protection et des soins à plus de 6 millions de filles et de femmes. Ce programme s'adresse directement à celles susceptibles de subir ou ayant subi des mutilations, mais il coopère aussi avec les gouvernements pour les aider à concevoir des stratégies pour mettre fin à ce fléau.

15.

L'éducation complète à la sexualité, un « épouvantail » pour les conservateurs

Un des volets des DSSR* moins connu du grand public, et pourtant essentiel, est l'éducation complète à la sexualité (ECS). Ce concept est aujourd'hui préféré à celui d'« éducation sexuelle », dont l'objectif principal se limite à éviter les grossesses non désirées et les maladies sexuellement transmissibles. L'éducation complète à la sexualité, intégrée dans le cursus scolaire de l'école maternelle jusqu'à la fin du lycée, va plus loin : elle « vise à doter les enfants et les jeunes de connaissances, d'aptitudes, d'attitudes et de valeurs qui leur donneront les moyens de s'épanouir – dans le respect de leur santé, de leur bien-être et de leur dignité –, de développer des relations sociales et sexuelles respectueuses, de réfléchir à l'incidence de leurs choix sur leur bien-être personnel et sur celui des autres et, enfin, de comprendre leurs droits et de les défendre tout au long de leur vie », selon l'Unesco[1]. Intégré récemment dans les textes internationaux, cet enseignement ne se restreint pas à des informations scientifiques sur l'anatomie, la physiologie ou les maladies sexuellement transmissibles. Il aborde des thématiques plus larges comme les rôles genrés et stéréotypés filles/garçons, la vie de famille, l'égalité, l'autonomie corporelle, les discriminations et abus sexuels. Au niveau du lycée, il aborde aussi les spécificités de certaines catégories de jeunes plus vulnérables : LGBTQI, toxicomanes, migrants, personnes en situation de handicap. Tout en adaptant les informations à l'âge des enfants et au contexte local, l'ECS est donc un programme ambitieux, progressiste, qui s'appuie sur la science et sur les droits humains, et dont l'objectif est de fournir aux enfants et adolescents des outils pour prendre des décisions autonomes par rapport à leur propre corps, en respectant le corps des autres.

Pour toutes ces raisons, l'éducation complète à la sexualité fait l'objet d'attaques systématiques et violentes de la part des mouvements anti-droits*. Avec l'avortement, c'est le second « cheval de bataille » de la galaxie du *backlash*. Là aussi, les arguments utilisés par ses opposants se révèlent pernicieux, au point d'arriver parfois à convaincre l'opinion publique de la soi-disant « dangerosité » de l'ECS. Aux États-Unis, où les programmes scolaires dépendent des États fédérés, de plus en plus de gouverneurs républicains, appuyés par une majorité au Sénat et à la Chambre des représentants, ont d'ores et déjà interdit toute mention d'éducation à la sexualité, d'autonomie corporelle et d'orientation sexuelle dans les manuels scolaires. L'éducation complète à la sexualité est perçue comme un cheval de Troie de la soi-disant idéologie LGBTQI : en résumé, elle est accusée de vouloir forcer tous les enfants à devenir homosexuels. Au passage, les personnes LGBTQI sont diabolisées, diffamées, accusées d'être des pédophiles et des violeurs d'enfants, et de propager la haine anti-femmes. En Ouganda, au Nigéria, au Guatemala, des lois similaires, stigmatisant les personnes LGBTQI et interdisant l'ECS, ont été votées. En France, les ABCD de l'égalité avaient dû être retirés par la ministre des Droits des femmes, Najat Vallaud-Belkacem, en 2014 sous la pression d'associations conservatrices qui avaient dénoncé une tentative d'imposer « la théorie du genre ».

Les partis politiques qui sont à l'origine de ces lois agitent l'épouvantail d'un endoctrinement des enfants et d'une « violation des droits parentaux ». Selon l'ONG Ipas, « les mouvements anti-droits se servent souvent de la sécurité des enfants pour faire dérailler le progrès social ». Ainsi, le Parlement polonais a adopté un projet de loi renforçant la surveillance des écoles pour « protéger les enfants », en interdisant les discussions sur les LGBTQI et l'éducation sexuelle. Au Sénégal, en 2020, le gouvernement avait organisé un atelier avec l'Unesco pour lancer un programme d'éducation sexuelle dans les écoles. De nombreuses associations religieuses se sont mobilisées, dénonçant des attaques contre les « valeurs musulmanes » et une tentative de pervertir les enfants en les incitant à la sodomie. Le ministère sénégalais de l'Éducation nationale a dû faire marche arrière, alors que les manuels scolaires n'étaient même pas encore modifiés, face à la pression des groupes religieux et de la rue.

« Le privilège exorbitant d'enfanter » défini par Françoise Héritier semble parfois constituer davantage une malédiction qu'un privilège. Les femmes ne sont toujours pas libres de disposer de leur reproduction et de leur sexualité comme elles l'entendent, et leur corps est au cœur d'une bataille de haute intensité menée par des mouvements et des partis politiques anti-droits. Les droits et santé sexuels et reproductifs sont devenus un objet de crispation régulière dans les espaces de négociation de l'ONU, au point que l'administration Trump refusait systématiquement l'utilisation même du terme alors qu'il est consacré dans les instances internationales, l'accusant de cacher un agenda pro-avortement. Une autre thématique est également remise en cause dans les enceintes des Nations unies, en dépit de son adoption officielle il y a plus de vingt ans : l'Agenda « Femmes, Paix et Sécurité ».

16.

La place des femmes dans les conflits

Le 31 octobre 2000 est une date majeure dans l'histoire du combat féministe mondial. Ce jour-là, le Conseil de sécurité des Nations unies a adopté à l'unanimité une résolution historique, la résolution 1 325. Il s'agit de la première résolution qui porte exclusivement sur le rôle des femmes dans la résolution des conflits et dans le maintien de la paix et de la sécurité. Elle crée quatre piliers devenus incontournables en droit international. Les premier et second piliers affirment l'importance du rôle des femmes dans la résolution des conflits et de leur participation dans les négociations et les opérations de paix. Le troisième pilier, prenant acte de l'impact disproportionné des conflits sur les femmes, requiert des États qu'ils prennent les mesures nécessaires pour les protéger contre les violences qu'elles subissent dans les situations de crise, pendant et après les conflits. Enfin, le dernier pilier enjoint la communauté internationale – États, organisations multilatérales, ONG – à prendre en compte les besoins spécifiques des femmes en matière de rapatriement, de réinstallation, de réhabilitation, de réintégration et de reconstruction post-conflit.

Cette résolution marque un tournant fondamental dans la prise en compte d'une perspective de genre dans les relations internationales. Il s'agit en effet du premier texte adopté par le Conseil de sécurité de l'ONU sur ce sujet, et c'est à l'occasion de l'adoption de la résolution que le Conseil a inauguré son tout premier débat entièrement dédié à une thématique liée aux femmes. Ce succès est à porter au crédit de certains États comme la Namibie, qui présidait le Conseil de sécurité en 2000 et a porté la résolution sur les fonts baptismaux, et le Bangladesh, représenté par son ambassadeur Anwarul Karim Chowdhury, un champion des droits des femmes et des enfants. Notons que ces deux pays ont connu des guerres d'indépendance particulièrement sanglantes, où les femmes ont été victimes de nombreuses atrocités.

Victimes civiles de la guerre, les femmes sont plus exposées aux conséquences immédiates des combats. Sur le plan physique comme économique, elles disposent de moins de moyens pour se protéger de la violence dont elles sont souvent les premières cibles, et elles n'ont pas toujours la possibilité de fuir lorsque la ligne de front avance. Avec les enfants, elles représentent la majorité des personnes déplacées au sein de leur pays ou réfugiées à l'extérieur des frontières. Quelle que soit la typologie de conflit (guerre entre deux pays, guerre civile, terrorisme), elles sont aussi la cible systématique de violences sexuelles, utilisées comme arme de guerre.

Lorsque la guerre est finie, c'est la double peine. Les femmes sont très largement exclues des processus formels de négociation qui aboutissent aux accords de paix. Quand elles arrivent à être admises dans les enceintes de discussion, elles sont souvent écartées ou reléguées dans des postes secondaires, affectées à des sujets considérés comme non prioritaires. Elles sont toujours minoritaires parmi les Casques bleus mobilisés dans les opérations de maintien de la paix des Nations unies. Lorsqu'elles mènent des actions concrètes pour la construction de la paix, leurs méthodes – manifestations, sit-in, boycotts, cérémonies de réconciliation, messages radiophoniques, ateliers de résolution de conflit – et leurs revendications – confiscation des armes, libération des enfants soldats, opposition à la vente d'armes légères – sont souvent dénigrées, voire ignorées par les autorités officielles.

Dans le contexte de multiplication de conflits asymétriques et de montée en puissance de groupes terroristes, les États ont porté prioritairement leur attention sur les stratégies de contre-terrorisme, avec des objectifs strictement militaires. Ces stratégies prennent trop peu en compte les facteurs sous-jacents des conflits : déficit démocratique, faiblesses institutionnelles, tensions inter- ou intra-communautaires, notamment autour de la raréfaction des ressources naturelles, sur lesquels les femmes sont pourtant le plus à même d'agir afin de prévenir et déminer les conflits. Piliers de leur communauté, éléments essentiels du tissu social, elles sont souvent dans une meilleure position pour construire des passerelles entre les différentes parties prenantes aux conflits, en dépassant les clivages ethniques, religieux et politiques.

17.

Au Liberia, la mobilisation des femmes pour mettre fin à la guerre civile

Lors de la seconde guerre civile qui a dévasté le Liberia de 1999 à 2003, des milliers de Libériennes, chrétiennes et musulmanes, se sont liguées au sein d'un mouvement pacifiste, le Women of Liberia Mass Action for Peace, avec l'objectif explicite de mettre un terme au conflit qui a causé la mort de plus de 50 000 personnes. Pendant des mois, des centaines de femmes de toutes conditions se réunissaient dans des lieux publics pour prier, chanter et manifester pacifiquement, exigeant de leurs leaders politiques qu'ils mettent fin aux hostilités. Dans un second temps, elles infiltraient sans autorisation les lieux de négociation, attendant patiemment dans les couloirs que les négociateurs sortent des salles dédiées – une méthode qui a été surnommée « corridor lobbying ». Cette tactique de pression silencieuse, non violente, est devenue célèbre dans le monde entier. Dans un épisode emblématique, relaté dans le film documentaire *Pray the Devil Back to Hell*[1], 200 femmes libériennes se rendirent au

Ghana en 2003 pendant les tractations de cessez-le-feu entre le président Charles Taylor et les deux principaux groupes armés rebelles. Sur place, entièrement vêtues de blanc, elles organisèrent un sit-in juste devant le palais présidentiel où avaient lieu les pourparlers. Au milieu de chants et de prières, elles allèrent jusqu'à bloquer les portes de la salle des négociations, empêchant les délégués de sortir tant qu'ils ne seraient pas parvenus à un accord. Elles obtinrent gain de cause avec l'accord de paix du Ghana, conclu en août 2003.

La porte-parole de ce mouvement, l'assistante sociale Leymah Gbowee, a reçu le prix Nobel de la paix avec sa compatriote Ellen Johnson Sirleaf en 2011, pour sa contribution à la fin de la guerre civile libérienne. Ellen Johnson Sirleaf, quant à elle, a été élue présidente de la République en 2005 avec 80 % des suffrages féminins, devenant la première femme à accéder à la magistrature suprême d'un État africain. Lors de son mandat, elle a initié de nombreuses réformes en faveur de l'égalité de genre et de la promotion des femmes : nomination de femmes au sein de l'administration, réforme du droit de l'héritage, création d'un groupe de femmes députées au sein de la Chambre des représentants...

Les femmes sont souvent les plus mobilisées pour inclure dans l'ordre du jour des négociations de paix les facteurs déclencheurs ou aggravateurs des conflits, qui sont souvent délibérément ignorés par les parties prenantes aux négociations, comme la corruption endémique, l'impunité au sein des communautés, les processus de radicalisation ou encore les phénomènes de tribalisation au sein des sociétés. Inversement, l'absence ou la sous-représentation de femmes dans les négociations contribue à la réplication de situations porteuses de conflits, lors des phases de reconstruction. Ainsi, il a fallu des décennies pour que la violence sexuelle soit appréhendée pour ce qu'elle est : pas seulement un effet collatéral du conflit, mais une véritable arme de guerre utilisée par tous les belligérants. Le viol et les agressions sexuelles sont consciemment et délibérément utilisés par les parties prenantes pour attaquer, démoraliser et détruire l'ennemi. Laisser les auteurs de ces violences sexuelles impunis dans un contexte de sortie de conflit, au prétexte qu'elles ne constituaient pas des actes de guerre, revenait à ignorer un volet entier des processus de justice et de réconciliation nécessaires à la construction de la paix, et à planter les germes de futurs actes de rétribution et de vengeance entre anciens ennemis.

S'il est difficile pour les institutions d'envisager les femmes comme des actrices de la paix et non seulement comme des victimes des conflits, il est encore plus rare qu'elles soient prises en compte lorsqu'elles sont actrices des conflits. La femme combattante, *a fortiori* dans les groupes armés non conventionnels (guérillas, groupes terroristes), représente un impensé majeur pour la plupart des gouvernements et des organisations internationales, à l'exception de certaines figures connues comme les femmes kurdes engagées dans les unités combattantes autonomistes des *peshmergas*. Dirigées en grande majorité par des hommes, les institutions internationales continuent d'appréhender l'agenda « Femmes, Paix et Sécurité » sous l'angle exclusif de la *protection* des femmes victimes innocentes des guerres.

À cause de cet impensé, les femmes demeurent la plupart du temps un angle mort des processus de Désarmement, démobilisation et de réintégration (DDR), qui visent à réintégrer les ex-combattants dans la société et sont utilisés par l'ONU dans toutes ses missions de maintien de la paix. Les besoins spécifiques des anciennes combattantes lorsqu'elles réintègrent leur famille et leur communauté, leur recherche de formation et d'un emploi, et leur apport aux mécanismes de médiation au niveau local et national sont ignorés, alors même que leur perspective, différente de celles des hommes du fait de la singularité de leur vécu, pourrait augmenter la durabilité et la pérennité des accords de paix.

18.

En Colombie, les femmes actrices du processus de paix

Le cas de la Colombie fait figure d'exception. Les FARC (Forces armées révolutionnaires de Colombie), qui ont mené une guérilla contre l'État colombien des années 1960 jusqu'en 2016, sont connues pour avoir intégré des femmes dans les rangs des guérilléros, en tant qu'infirmières ou cantinières, mais aussi comme combattantes. Les guérilléras représentaient de 30 à 40 % des effectifs opérationnels des FARC. Ces femmes ont activement participé aux négociations avec les autorités colombiennes, qui ont abouti à l'accord de paix du 26 septembre 2016 et à la démobilisation des FARC. Le processus de paix intra-colombien constitue une première historique[1] : les parties en présence sont tombées d'accord sur la création d'une « sous-commission pour le genre » dans le mécanisme officiel des négociations, dont l'objectif était d'intégrer les perspectives des femmes colombiennes et leurs priorités dans l'accord de paix. La sous-commission réunissait des femmes issues des deux parties belligérantes : des anciennes combattantes des FARC qui s'apprêtaient à être démobilisées (43 % des représentants des FARC dans les négociations) et des déléguées représentant le gouvernement (20 %). La reconnaissance formelle de l'impact de la guerre sur les femmes, *via* l'établissement d'un mécanisme dédié, constitue une avancée considérable dans la réalisation de la résolution 1 325, qui a directement inspiré la création de la sous-commission.

De plus, l'intégration des femmes dans les discussions ne s'est pas faite uniquement sous le prisme du statut de victimes, bien que les Colombiennes aient particulièrement souffert de la guerre civile. C'est bien la contribution des membres des FARC en tant qu'ex-combattantes qui constitue un précédent, du fait de leur représentation significative dans les rangs des guérilléros. Cette mise en exergue d'un « féminisme insurgé » est unique : elle croise l'expérience de guerre du point de vue des acteurs, ou plutôt des actrices, avec la spécificité d'un engagement féministe. « Pour les ex-combattantes de la guérilla amenées à y participer, la sous-commission s'est rapidement convertie en un nouvel espace d'action leur permettant d'acquérir une visibilité sans précédent dans les négociations de paix et de négocier leur positionnement sur le nouvel échiquier politique national[2]. » Pour ce faire, les *farianas* (combattantes des FARC) ont noué des échanges riches avec les militantes féministes colombiennes, les représentantes des organisations internationales présentes dans les négociations, et bien sûr leurs interlocutrices du gouvernement.

Le résultat de cette participation historique des femmes est édifiant, à double titre. D'une part, l'accord de paix est unique au monde dans sa dimension genrée : reconnaissance et garantie des droits des femmes dans les zones rurales (restitution des terres, accès à la propriété), augmentation de la participation politique des femmes, mécanismes de réparations pour les victimes et survivantes de violences sexuelles, exclusion des mesures d'amnistie pour les auteurs de ces violences, et utilisation d'un langage inclusif dans le texte de l'accord. D'autre part, c'est précisément cette perspective de genre qui semble avoir provoqué le rejet de l'accord de paix lors du référendum du 2 octobre 2016. En effet, certains partis et mouvements conservateurs, soutenus par l'Église, ont fait campagne contre cet accord en lui reprochant de promouvoir une idéologie « contraire aux valeurs familiales », qui favoriserait la transgression des rôles de chaque sexe et l'homosexualité. Finalement, le gouvernement décida de maintenir l'accord en dépit du rejet par le vote populaire, mais certaines modifications furent introduites dans le texte afin d'apaiser les conservateurs. Ainsi, le mot « genre » fut en grande partie remplacé par le mot « femmes ».

L'exemple colombien fait figure d'exception historique et géographique. Sur le continent sud-américain, les femmes colombiennes n'ont pourtant pas été les seules à participer à la lutte armée au sein d'une guérilla marxiste affrontant le gouvernement. Au Salvador, elles faisaient également partie du Front Farabundo Martí de libération nationale (FMLN) qui a mené l'offensive pendant la décennie des années 1980 contre la junte au pouvoir. On estime que les femmes salvadoriennes représentaient jusqu'à un tiers des combattants du FMLN. Pourtant, lorsque les pourparlers de paix ont eu lieu au début des années 1990, seules deux femmes participaient à la délégation du FMLN et aucun mécanisme n'était prévu pour inclure une perspective de genre. Les femmes ne sont pas non plus mentionnées dans les accords de paix de Chapultepec, conclus en 1992. À noter que, dans le cas colombien, la participation des femmes fut grandement favorisée par le soutien politique, logistique et financier de la Suède et la Norvège. Ces deux pays ont envoyé des expertes des questions de paix et de désarmement pour former les négociatrices colombiennes, et créé le Fonds suédo-norvégien de soutien à la société civile, tout en participant à hauteur de 6,6 millions d'euros (pour la Suède) au processus de paix[3].

19.

L'agenda « Femmes, Paix et Sécurité » de l'ONU

C'est avant tout pour la reconnaissance officielle du rôle des femmes dans la construction de la paix que la résolution 1 325 occupe une place particulière dans l'histoire du féminisme international. À la suite de la résolution 1 325, neuf autres résolutions ont été adoptées entre 2009 et 2019. Ces résolutions appellent à approfondir le travail engagé pour reconnaître les violences sexuelles comme crimes de guerre, à lutter contre l'impunité des auteurs de ces crimes, à créer un poste de représentant spécial du secrétaire général de l'ONU chargé des violences sexuelles dans les conflits et à renforcer la participation des femmes aux mécanismes de prévention, de stabilisation et de résolution des crises.

L'ensemble de ces textes constitue l'agenda « Femmes, Paix et Sécurité ». Celui-ci est aujourd'hui largement connu et reconnu au sein de la communauté internationale. La plupart des organisations internationales (OTAN, OSCE, Organisation internationale de la francophonie) ou régionales (Union européenne, Union africaine, Conseil de l'Europe, ASEAN) l'ont intégré dans leur feuille de route et se sont dotées d'un ou d'une représentante spéciale chargé de mettre en œuvre la résolution. Ainsi, l'OTAN a créé un poste de représentant spécial du secrétaire général pour les Femmes, la Paix et la Sécurité, et entend intégrer la dimension de genre dans ses trois missions : la défense collective, la gestion de crise et la sécurité. Il s'agit par exemple de s'assurer que la conception des opérations militaires incorpore *ex ante* la perspective et le vécu des femmes : à la fois des femmes des forces armées qui participent à ces opérations, mais aussi des femmes des populations locales où se dérouleront les opérations. S'appuyer sur les associations féministes de terrain présente aussi un enjeu stratégique : elles sont souvent bien placées, de par leur rôle au sein des communautés, pour détecter les signaux faibles de conflits potentiels. Pour la mise en œuvre des objectifs de l'agenda, les États sont censés définir et appliquer des plans nationaux d'action qui déclinent à leur niveau la résolution 1 325. Il en est de même des organisations régionales : la Communauté économique des États de l'Afrique de l'Ouest (CEDEAO), l'Union Africaine, l'ASEAN ou encore l'Union européenne ont adopté des plans régionaux d'action.

Quel est l'impact de la résolution 1 325 et de l'agenda « Femmes, Paix et Sécurité », vingt-trois ans plus tard ? Si cet agenda est bien ancré dans la rhétorique onusienne, il souffre d'une faible mobilisation de ressources et d'un soutien politique insuffisant. La galaxie des ONG impliquées sur la thématique est pourtant bien installée dans les enceintes internationales, et ces organisations sont souvent implantées *via* des antennes régionales et nationales. Citons ICAN (International Civil Society Action Network) et le Global Network of Women Peacebuilders (GNWP), qui rassemble plus de 100 organisations féministes issues de 40 pays en situation de crise humanitaire ou de conflit. Très actif auprès des Nations unis, le GNWP sélectionne des femmes issues de pays ou de communautés déchirées par les conflits et leur permet de plaider leur cause devant les grands de ce monde, à New York ou Genève, tout en formant des négociatrices et des médiatrices. Par ailleurs, les ONG de défense des droits humains et de développement (Amnesty International, Human Rights Watch, Oxfam, CARE) se sont alliées aux mouvements féministes (Women for Women International, Center for Reproductive Rights, Ligue internationale des femmes pour la paix et la liberté...) pour former un collectif, le « Groupe de travail des ONG pour les femmes, la paix et la sécurité », très présent dans le système onusien.

Le Canada a lancé en 2017 l'Initiative Elsie pour la participation des femmes aux opérations de paix. La particularité de cette initiative tient à son objectif : augmenter la proportion de femmes « en uniforme » dans les opérations de maintien de la paix de l'ONU. Un secteur

– la police et les armées – où la parité est loin d'être atteinte, où les femmes occupent majoritairement des fonctions support et où l'environnement de travail peut leur être très hostile. Pourtant, la présence de femmes dans les unités opérationnelles est très appréciée par la hiérarchie militaire, car elles ont un meilleur accès aux populations locales, projettent une image plus positive que les hommes et sont source de réduction des tensions dans des contextes volatiles. L'Initiative Elsie a financé la mission de maintien de la paix de l'ONU au Mali (MINUSMA), pour créer un environnement de travail propice aux femmes dans les forces de police de la MINUSMA, avec la construction d'unités d'hébergement spécifiques, d'installation d'hygiène et d'unités de buanderie. Elle soutient aussi l'augmentation du nombre de femmes dans les unités de Casques bleus sénégalais. Historiquement, les femmes étaient quasi inexistantes au sein des Casques bleus : entre 1957 et 1989, seules 20 femmes ont servi en uniforme dans les effectifs militaires onusiens. Seulement trois unités de police déployées par les Nations unies sont constituées exclusivement de femmes : en Haïti, au Liberia et en République démocratique du Congo. Ce sont les pays africains et asiatiques qui forment et envoient le plus grand nombre de soldates (Éthiopie, Nigéria, Afrique du Sud) ou de policières (Rwanda, Bangladesh, Inde) dans ces opérations.

La mise en œuvre de cette résolution est encore largement imparfaite. En 2021, seuls 92 États membres de l'ONU (soit moins de la moitié) avaient adopté un plan national d'action, et un tiers seulement de ces États avaient affecté un budget dédié à la mise en œuvre de ce plan. Le pourcentage d'accords de paix incluant une perspective de genre est passé de 14 % en 1995 à seulement 22 % en 2019. Entre 1992 et 2019, les femmes ne représentaient en moyenne que 13 % des négociateurs, 3 % des médiateurs et 4 % des signataires des principaux processus de paix[1]. Elles ne composent que 5,8 % des personnels militaires dans les opérations de maintien de la paix des Nations unies[2]. On ne retrouve des femmes signataires que sur 13 des 130 accords de paix conclus entre 1990 et 2014[3]. Sur le continent africain, on observe une légère augmentation du pourcentage des accords de paix contenant des clauses spécifiques relatives à l'agenda « Femmes, Paix et Sécurité » : de 19 % de la totalité des accords entre 1995 et 1999 à 35 % après 2005. Seules trois femmes ont déjà servi comme médiatrices en chef au niveau international.

La mise en œuvre de l'agenda « Femmes, Paix et Sécurité » par les acteurs internationaux est sélective : les gouvernements et organisations internationales choisissent les éléments de la résolution qu'ils souhaitent mettre en œuvre et qui correspondent à leur propre agenda, mais aucun n'a véritablement appliqué l'ensemble des volets de la résolution. Les piliers de prévention des crises et de participation à la résolution des conflits sont les plus négligés. La résolution 1 325 souffre de l'absence d'un mécanisme de redevabilité, qui permettrait de tenir les institutions comptables des progrès – ou de l'absence de progrès – dans l'application de ces quatre piliers. Le manque de redevabilité n'est pas seulement le fait des États, mais également des agences des Nations unies dont l'engagement est encore trop « tiède ». ONU Femmes, chargée officiellement de la mise en œuvre de l'agenda « Femmes, Paix et Sécurité », n'a pas fait la preuve de l'efficacité de son leadership sur ce sujet. L'absence d'envoyé spécial du secrétaire général de l'ONU en charge de ce sujet prouve également le manque de soutien institutionnel.

20.

Yémen, Libye : la place des femmes dans la résolution des conflits

Sur le terrain, il reste encore un long chemin à parcourir, comme le montrent deux exemples tirés de conflits encore en cours, le Yémen et la Libye. Au Yémen, l'activiste Rasha Jarhum milite pour l'inclusion des femmes dans les négociations pour sortir du conflit qui déchire ce petit pays de la péninsule arabique depuis 2014. Cette guerre, qui oppose les rebelles houthistes – qui ont renversé le président élu Ali Abdallah Saleh et occupent la capitale Sanaa – aux forces « légitimes » soutenues par une coalition menée par les Émirats arabes unis et l'Arabie saoudite, a provoqué une crise humanitaire sans précédent et donné lieu à de massives violations des droits humains des deux côtés. La guerre civile a déjà fait plus de 230 000 victimes selon les Nations unies, et 25 millions de Yéménites ont besoin de l'aide humanitaire internationale. Depuis le début du conflit, Rasha Jarhum appelle avec le collectif Peace Track Initiative la communauté internationale à faire respecter le droit humanitaire et à faire cesser les exactions. Fondatrice du Women Solidarity Network, elle milite activement pour la protection des femmes victimes collatérales du conflit, mais aussi pour l'inclusion de ses paires dans toutes les étapes des négociations entre les rebelles et la coalition. Dans les zones occupées par les houthis, les femmes sont exposées aux risques de harcèlement et de violences physiques et sexuelles lorsqu'elles se déplacent pour subvenir aux besoins de leurs familles.

En 2016, Rasha Jarhum a fait partie des sept femmes invitées par l'envoyé spécial des Nations unies pour le Yémen, Martin Griffiths, à participer aux pourparlers de paix qui ont lieu au Koweït. Plus significatif encore, elle a eu l'opportunité de briefer le Conseil de sécurité de l'ONU en novembre 2018[1] en présentant les recommandations et les exigences de la société civile, en particulier des femmes yéménites. Le Women Solidarity Network œuvre « pour mettre fin aux conflits sanglants portant sur les ressources en eau et en terres, pour faire évacuer les groupes armés des écoles, pour rétablir les droits de nos fils et filles en matière d'éducation » et pour empêcher le recrutement forcé d'enfants soldats. Il ne peut y avoir de paix durable au Yémen, selon Rasha Jarhum, sans un processus de paix inclusif : le vécu des femmes yéménites, leurs priorités et leurs besoins doivent être impérativement pris en compte dans les mécanismes de sortie de conflit. Par exemple, la mise en place de programmes de Démobilisation, désarmement et réintégration (DDR) est indispensable pour réintégrer les enfants soldats dans la société et éviter un nouveau conflit. De même, les clauses d'un futur accord de paix ne doivent pas se concentrer exclusivement sur la répartition du pouvoir politique et des territoires. Elles doivent dès à présent intégrer des mesures de relance économique avec des programmes à destination des femmes, de rétablissement des services sociaux pour les familles et de lutte contre la corruption.

En Libye, la situation est également décevante, selon Hajer Sharief. Cette jeune femme, étudiante en médecine, n'a que 19 ans lorsqu'éclate la guerre civile éclate en 2011. Volontaire dans un hôpital, alors que le chaos s'installe dans le pays, elle décide d'abandonner ses études de médecine pour un diplôme d'avocate et de se consacrer à son pays en œuvrant à une sortie pacifique de la guerre civile. À 25 ans, elle crée sa propre ONG, Together We Build It, qui offre une plateforme de rencontres, de plaidoyer et de montée en compétences pour les Libyennes qui souhaitent s'engager dans le processus de paix, sur le plan local ou national. Le programme « Bringing Peace From Bottom Up » est né de la rencontre de plusieurs élues municipales engagées pour la paix et formées par l'ONG, qui se sont constituées en un groupe de pression pour peser dans les négociations aux côtés des hommes.

En 2018, l'ONG a lancé une campagne de communication très remarquée, intitulée « You're missing the full picture[2] ». Cette campagne avait pour but d'interpeler la communauté internationale, à qui il était reproché d'avoir ignoré les voix des femmes libyennes dans le processus de médiation. Diffusée sur les réseaux sociaux et dans les lieux publics, elle reprenait les codes visuels des affiches de recherche de personnes disparues, avec le portrait-robot d'une Libyenne au centre et le texte suivant : « PORTÉES DISPARUES des réunions : les femmes libyennes, citoyennes à part entière, expertes en paix et en sécurité, économistes qualifiées, avec des compétences politiques, qui travaillent dur et sont capables de surmonter les obstacles, leaders des mouvements de désarmement et non violents, égales des hommes. ATTENTION : depuis 2012, les femmes libyennes sont portées disparues de toutes les réunions de haut niveau organisées par la communauté internationale en Libye. » De même, l'ONG a publié une liste des « 20 femmes libyennes que vous devriez connaître », reprise par les médias et les chaînes de télévision, qui met en lumière des activistes et des femmes politiques engagées pour leur pays mais ignorées par le milieu politique et la communauté internationale.

L'action de plaidoyer de Together We Build It se déploie surtout auprès des Nations unies et des bailleurs internationaux, afin de les convaincre du rôle que les femmes libyennes peuvent et doivent jouer dans les pourparlers et dans l'avenir de leur pays. En 2021, le dernier cycle de négociations entre les différentes factions libyennes sous l'égide des Nations unies a eu lieu à Genève et comptait exceptionnellement 17 femmes sur 75 négociateurs. Un pourcentage de 22 %, bien supérieur aux précédents cycles, mais en deçà du seuil de 30 % recommandé par l'ONU. Une déception pour Hajer Sharief, qui estime que l'organisation aurait dû exiger des différentes parties en présence de respecter ce seuil[3]. Bien que le Premier ministre libyen Abdelhamid Dbeibah ait nommé début 2021 la première femme ministre des Affaires étrangères du pays, Najla El Mangoush, une avocate et défenseure des droits humains, elle continue de dénoncer l'exclusion des femmes libyennes des postes à responsabilité et des enceintes de pourparlers. Elle profite pour cela de la plateforme et de la visibilité offertes par le soutien du secrétaire général de l'ONU pour maintenir la pression sur les forces politiques libyennes. Son action est en effet reconnue et soutenue par ONU Femmes, qui a fait d'elle une des douze « championnes de l'agenda "Femmes, Paix et Sécurité" », et par le secrétaire général Antonio Guterres, qui l'a choisie pour intégrer le groupe d'experts indépendants chargé de suivre les progrès d'un autre agenda : « Jeunes, Paix et Sécurité ». Elle a même été pressentie pour le prix Nobel de la paix en 2021.

21.

Les violences sexuelles dans les conflits, une arme de guerre

Il est un volet de l'agenda « Femmes, Paix et Sécurité » sur lequel la communauté internationale a réalisé de véritables progrès : le pilier consacré à la prévention et de la réparation des violences sexuelles commises dans les conflits. La prise de conscience de l'utilisation des violences sexuelles comme arme de guerre a été progressive au cours des dernières années. Elle est aujourd'hui bien documentée par les chercheuses et chercheurs, et de nombreuses organisations non gouvernementales se mobilisent pour sensibiliser les Nations unies et les États à ce sujet. Les survivantes de violences sexuelles dans les conflits souffrent non seulement de blessures physiques et de traumatismes psychologiques, mais elles sont également victimes de multiples discriminations au sein de leur communauté. Faiblesse ou inexistence de mécanismes judiciaires, exclusion socio-économique, absence de reconnaissance et de réparations (qu'elles soient médicales, financières, judiciaires ou symboliques), peur des représailles en cas de dénonciation, stigmatisation des victimes plutôt que des auteurs : ces survivantes cumulent les injustices et les obstacles à leur réintégration dans la société.

C'est la raison d'être de l'ONG We are Not Weapons of War (« Nous ne sommes pas des armes de guerre »), dirigée par la juriste internationale Céline Bardet. We are Not Weapons of War fournit un accompagnement légal aux survivantes auprès des juridictions internationales comme la Cour pénale internationale, et développe en parallèle des outils à destination des victimes. Son travail part d'un triple constat : l'impossibilité pour les victimes d'accéder aux services adaptés (soins médicaux, prise en charge judiciaire) du fait de la stigmatisation liée au viol ou de l'absence de moyens de transport, le manque de coordination des professionnels impliqués (médecins, chirurgiens, psychologues, avocats et procureurs, services sociaux) et le manque de données fiables sur l'ampleur des violences sexuelles en conflit (du fait de la sensibilité du sujet, les victimes se signalent peu). Pour pallier cette triple défaillance, l'ONG a développé une application mobile sécurisée. L'application BackUp permet à une victime ou à un de ses proches de se signaler en se géolocalisant, les informations étant enregistrées de manière cryptée et pouvant servir de preuve. Elle offre aux différents professionnels impliqués dans le traitement d'une survivante une plateforme pour entrer en contact et échanger. Enfin, elle permet de collecter des informations consolidées, qui nourriront la recherche et les statistiques sur l'utilisation du viol comme arme de guerre. L'ONG se donne aussi pour objectif de faire de l'utilisation des violences sexuelles comme arme de guerre un enjeu public mondial, en mobilisant les institutions et le grand public.

En 2018, le sujet des violences sexuelles dans les conflits s'est retrouvé sous les projecteurs avec l'attribution du prix Nobel de la paix à deux personnalités engagées dans la lutte contre l'impunité, Nadia Murad et le Dr Denis Mukwege. Nadia Murad est une jeune femme de la communauté yézidie en Irak, capturée et réduite au statut d'esclave sexuelle par des terroristes de Daesh à l'âge de 21 ans. Rescapée, elle a trouvé refuge en Europe et témoigné devant le Conseil de sécurité des Nations unies quelques mois plus tard, accusant Daesh de génocide contre les Yézidis. Devenue ambassadrice de bonne volonté de l'ONU pour la dignité des victimes de la traite des êtres humains, elle a reçu le prix Nobel de la paix à seulement 25 ans. Denis Mukwege, gynécologue congolais, est connu par son surnom : « l'homme qui répare les femmes ». À la tête de l'hôpital de Panzi et de la fondation du même nom en République démocratique du Congo, il a acquis une réputation mondiale en se spécialisant dans le soin des femmes victimes de violences sexuelles. Plus de 85 000 femmes souffrant de complications liées à un viol ou à un accouchement, telles que les fistules obstétricales, ont été traitées à l'hôpital de

Panzi. Le Dr Mukwege a développé un programme de soins holistique qui inclut la « réparation » gynécologique de ces femmes, mais aussi une offre de soutien psychologique et d'aide sociale pour lutter contre l'isolement des victimes rejetées par leur communauté, un soutien économique pour qu'elles retrouvent une activité et un accès gratuit à la justice. La fondation Panzi accompagne les patientes avec des avocats et organise des séances d'éducation au droit et de sensibilisation auprès de leaders communautaires et religieux Le modèle de prise en charge prend la forme d'un centre à guichet unique, pour faciliter la vie des survivantes : elles ont accès à l'aide psychologique, économique et légale sur le lieu-même de l'hôpital.

De la rencontre de ces deux personnalités à l'engagement exceptionnel est né le Fonds mondial pour les survivantes et les survivants de violences sexuelles dans les conflits en 2019 (Global Survivors Fund, GSF). Lancé avec un soutien financier de la France à l'occasion de la présidence française du G7, le Fonds est actif dans cinq pays : République Démocratique du Congo, Guinée, République centrafricaine, Turquie (auprès de réfugiés syriens) et Irak, et il a été déployé plus récemment en Ukraine. Il part d'un principe fondamental : la reconnaissance du droit des survivants à obtenir des réparations pour les violations des droits humains qu'ils ont subies. Le GSF offre des mesures de réparation « par intérim » aux victimes, lorsque leurs gouvernements ne sont pas en capacité ou refusent de mettre en place les mécanismes de justice et de réparation qui leur sont dus. En République centrafricaine, où l'ONU a documenté plus de 30 000 cas de violences sexuelles dans le cadre d'une succession de guerres civiles entre 2002 et 2015, le Fonds mondial a permis d'apporter des compensations financières, de proposer des formations professionnelles, d'offrir une palette de soins médicaux, psychologiques et psychosociaux, et de procurer des documents d'identité aux survivants et à leurs enfants. Il a également fourni une assistance technique aux autorités centrafricaines dans le cadre de la Commission Vérité, Justice, Réparation et Réconciliation, afin de développer une politique de réparations pour le pays.

En Irak, le Fonds s'est associé à Nadia's Initiative, l'ONG créée par Nadia Murad pour fournir les mêmes services aux femmes yézidies qui ont été esclaves de Daesh dans le Sinjar et qui ont, toutes sans exceptions, subi des violences sexuelles. Bien que le parlement irakien ait voté une loi de réparations pour les survivantes de violences sexuelles en mars 2021, celle-ci tarde à être mise en œuvre et les victimes sont toujours en attente. Le partenariat a permis de délivrer une aide financière, un logement, des soins médicaux et gynécologiques et des services de documentation juridique à ces femmes. Nadia's Initiative développe des projets de terrain au sein de la communauté yézidie pour restaurer les services d'éducation, de santé, d'eau, d'assainissement et d'hygiène auprès des survivantes et survivants de Daesh.

Il reste encore un long chemin à parcourir pour réaliser pleinement l'agenda « Femmes, Paix et Sécurité ». Cet agenda est de plus en plus contesté, y compris par certains États conservateurs, qui souhaitent le réduire à sa portion congrue. Le pilier consacré aux violences sexuelles dans les conflits est fragilisé par le refus de certains gouvernements de mettre en place les mécanismes de justice pour les victimes, mécanismes qui pourraient mettre en lumière le laisser-faire de ces autorités. La résolution 1 325 est également otage du *backlash* et du refus catégorique de gouvernements conservateurs d'inscrire la question des réparations dans une dimension plus large, celle des droits et santé sexuels et reproductifs*.

Quant à la participation des femmes à la résolution de conflits et à la construction de la paix, les chiffres montrent qu'elle reste très marginale, malgré des exemples – trop rares – de succès comme celui de la Colombie. L'agenda « Femmes, Paix et Sécurité » manque également cruellement de financements pour le soutien aux victimes, la formation des femmes négociatrices et la participation des femmes dans les forces armées. Pourtant son actualité est toujours brûlante : de très nombreux cas de violences sexuelles commises par les forces armées russes sur les femmes ukrainiennes sont déjà documentés par le Haut-Commissariat des Nations unies aux droits de l'Homme. L'enjeu, dans ce nouveau contexte de guerre, est majeur pour la communauté internationale. Il s'agit de venir en aide le plus rapidement possible aux survivantes, mais aussi de soutenir les forces de police ukrainiennes (à travers l'UNFPA) et la Cour pénale internationale dans leurs procédures d'enquête et de collecte d'informations sur ces potentiels crimes de guerre. Dans ce conflit comme dans d'autres, il est impératif que la communauté internationale continue de se tenir aux côtés des femmes, victimes et actrices. C'est également le cas dans un autre type de crise : la crise environnementale.

22.

Féminisme et écologie, des luttes convergentes

S'il est une cause devenue incontournable en ce début de siècle, c'est le combat pour la protection de la planète. Depuis l'adoption de la Convention-cadre des Nations unies sur les changements climatiques (CCNUCC) et de la Convention sur la diversité biologique en 1992, les gouvernements ont pris conscience de l'urgence d'agir pour freiner le réchauffement climatique. Depuis 1995, les chefs d'État et de gouvernement se rassemblent chaque année à la COP (Conférences des parties) pour évaluer les progrès réalisés par chaque pays en matière de réduction des gaz à effet de serre et pour se fixer des objectifs communs ambitieux. La COP21 qui s'est tenue à Paris en 2015 a fait date avec l'adoption de l'Accord de Paris, qui engage l'ensemble des pays de la planète à limiter le réchauffement mondial entre 1,5 et 2 degrés d'ici la fin du siècle.

Quelle est la place des femmes dans ce combat historique ? Récemment, les jeunes femmes sont apparues de manière massive et visible dans les manifestations de la jeunesse pour le climat. En première ligne pour protester contre l'inaction des gouvernements et réclamer des mesures plus radicales, des jeunes militantes comme Greta Thunberg, activiste suédoise devenue l'égérie des Fridays for Future, ou Vanessa Nakate, militante ougandaise devenue une figure de proue de la jeunesse mondiale, ont acquis une renommée internationale. Mais existe-t-il pour autant un lien entre le combat pour l'égalité de genre et la défense de l'environnement ?

Ce lien est documenté depuis une cinquantaine d'années. En 1974, la philosophe et militante Françoise d'Eaubonne est la première à inventer le terme d'« écoféminisme » et à théoriser l'intersectionnalité des luttes féministes et écologistes, dans son livre *Le Féminisme ou la Mort*. Au sein du Mouvement de libération des femmes, elle anime le groupe « Écologie et féminisme », à une époque où la priorité des mouvements féministes est la libération sexuelle et le droit à l'avortement, et où les préoccupations environnementales sont encore peu présentes dans le débat public. Pour cette proche de Simone de Beauvoir, signataire du manifeste des 343 pour le droit à l'avortement, « les hommes – le patriarcat – ont fait à la fois main basse sur le ventre des femmes et sur les ressources naturelles ». Dans son sillage, de nombreuses chercheuses et activistes à l'instar de Vandana Shiva, écoféministe et altermondialiste indienne, vont approfondir les liens consubstantiels entre la domination des hommes sur les femmes et la domination des êtres humains sur la nature, incarnées dans les deux cas par un système d'oppression et d'exploitation des uns sur les autres.

Force est de constater, à l'appui de nombreux rapports et études récents, que le dérèglement climatique n'est pas neutre : il n'a pas les mêmes conséquences sur les femmes que sur les hommes, et cet impact disproportionné exacerbe des inégalités déjà existantes. Selon le Groupe d'experts intergouvernemental sur l'évolution du climat (GIEC), qui publie les rapports de référence sur l'évolution du climat, les femmes représentent 70 % des personnes pauvres dans le monde et sont parmi les plus vulnérables face au changement climatique. En effet, dans les pays à bas revenus, deux femmes sur trois sont employées dans le secteur agricole. Elles constituent en moyenne 43 % de la main-d'œuvre agricole dans le monde, tandis qu'elles ne comptent que pour 15 % des propriétaires terriens[1]. C'est parce qu'elles ont la responsabilité de nourrir leur famille et de subvenir aux besoins du foyer en revendant le produit de leur travail sur le marché que les femmes sont frappées de plein fouet par les phénomènes climatiques qui affectent la culture et l'exploitation des ressources naturelles : sécheresse, désertification, déforestation, inondations… En Afrique, les femmes consacrent en moyenne cinq heures par jour à la préparation des repas, dont deux heures à la collecte du bois et de l'eau[2]. L'utilisation de combustibles (bois, charbon, gaz) et d'ustensiles (poêles, fours) particulièrement polluants contribue à une augmentation des maladies causées par la pollution de l'air au sein de la maison : deux millions de femmes et d'enfants meurent prématurément chaque année de ces maladies évitables[3].

De surcroît, les femmes sont les premières victimes des phénomènes climatiques extrêmes qui se multiplient : tsunamis, tempêtes, cyclones. Selon le Programme des Nations unies pour l'environnement, 80 % des personnes déplacées de leur domicile en raison de ces catastrophes naturelles sont des femmes. En tant que principales responsables de la culture et de la récolte des ressources naturelles, terrestres ou maritimes, elles sont les premières à devoir se déplacer, avec les enfants, pour chercher des zones plus clémentes. Une étude d'Oxfam portant sur les villages les plus affectés par le tsunami de 2004 en Indonésie a révélé que 70 % des décès enregistrés dans ces villages étaient des femmes[4] ; elles comptent parmi 61 % des morts causées par le passage du cyclone Nargis en Birmanie en 2008[5]. Lors des inondations de 1991 au Bangladesh, les femmes étaient 14 fois plus nombreuses que les hommes parmi les 140 000 victimes[6].

Ces chiffres s'expliquent par le statut socio-économique des femmes : plus pauvres que les hommes, elles ne disposent pas pour la plupart du temps de véhicule pour fuir le lieu de la catastrophe. Elles n'ont pas accès aux informations nécessaires pour trouver un refuge et de l'aide en cas d'urgence, et elles sont beaucoup plus vulnérables aux violences sexuelles dans un contexte d'effondrement ou d'indisponibilité des forces de l'ordre. Les normes sociales sexistes et misogynes jouent également un rôle prépondérant dans la vulnérabilité des femmes dans ces contextes de catastrophes naturelles : parce qu'elles sont responsables des enfants et des personnes âgées, elles n'ont pas la possibilité de fuir leur foyer et, souvent, ne peuvent rester dans un refuge sans être accompagnées d'un membre masculin de leur famille[7]. L'ONG Girls Not Brides, qui milite contre les mariages précoces, a documenté le lien proportionnel entre catastrophes naturelles (inondations, tremblements de terre, tsunamis) et augmentation des mariages forcés, notamment des mariages précoces. Ruinées par la destruction de leurs moyens de subsistance, les familles ont plus facilement recours au mariage des filles pour se procurer une dot[8].

23.

Les femmes, grandes absentes des négociations climatiques

Alors qu'émergent de nouvelles activités et technologies liées aux besoins de la transition environnementale, les femmes n'en bénéficient pas, bien qu'elles soient les plus touchées par le changement climatique. Elles restent encore sous-représentées dans les emplois « verts » dans les pays les plus avancés. Dans les pays du Sud frappés de plein fouet par la dégradation des conditions climatiques, elles n'ont pas accès pour la plupart aux fonds d'urgence ou de réparation, ni aux technologies d'adaptation nécessaires. Elles subissent toujours des discriminations dans l'accès à la propriété (des terres, du bétail), aux services financiers (prêts bancaires), ou encore aux formations professionnelles leur permettant d'effectuer une transition vers de nouveaux emplois. Elles sont largement absentes des instances de pouvoir, au niveau local, national et international, qui décident des mesures à prendre pour l'adaptation et l'atténuation du changement climatique.

À la COP27 qui a eu lieu en Égypte en novembre 2022, elles comptaient pour seulement un tiers des équipes de négociation des 192 États membres des Nations unies[1]. Sur les 110 chefs d'État et de gouvernement présents, seuls sept étaient des femmes. Or la représentativité des femmes dans ces instances est cruciale : comme l'écrit le Conseil économique, social et environnemental (CESE) dans son rapport « Inégalités de genre, crise climatique et transition écologique » paru en 2023, « il y a en effet peu de chances d'arriver à inclure la dimension de genre dans les politiques de lutte contre le réchauffement climatique, de préservation de la biodiversité et de transition écologique si les femmes ne participent pas pleinement à leur élaboration et aux négociations ». Les femmes ne constituent aujourd'hui que 30 % des auteurs du rapport du GIEC, bien que ce chiffre soit en augmentation sensible par rapport aux premiers rapports de 1990[2].

Ces inégalités persistantes constituent une occasion manquée. Selon l'Organisation des Nations unies pour l'alimentation et l'agriculture (FAO), un accroissement de 20 % de la productivité agricole des femmes pourrait réduire de 150 millions le nombre de personnes souffrant de la faim dans le monde[3]. La sécurité alimentaire, devenue une préoccupation de premier plan pour la communauté internationale suite aux ruptures d'approvisionnement provoquées par la guerre en Ukraine, est essentiellement dans les mains des femmes. C'est un cercle vertueux : lorsqu'elles ont accès aux ressources financières et politiques, les femmes tendent à réinvestir davantage dans leurs foyers et leurs communautés, à favoriser l'éducation des enfants, à prendre en charge la santé des familles, etc.

La prise en compte de l'impact spécifique du changement climatique sur les femmes dans les textes internationaux est relativement récente. L'Accord de Paris de 2015 mentionne « l'importance de développer des solutions permettant à la fois de limiter les impacts climatiques et de rééquilibrer les relations de pouvoir de genre », mais se limite à cette observation sans pour autant demander aux États de prendre des engagements afin d'assurer ce rééquilibrage. Les données et statistiques dites sexospécifiques, c'est-à-dire différenciées et désagrégées en fonction du sexe de la personne, sont encore très rares dans la plupart des études sur le changement climatique. Parmi les six rapports du GIEC publiés entre 1990 et 2022, qui constituent « la bible » des États et des ONG, aucun ne comprend de données sexospécifiques, bien que le GIEC reconnaisse que tous les types d'inégalités, dont les inégalités de genre, rendent certaines catégories de population plus vulnérables aux effets du changement climatique.

La climato-paléontologue française Valérie Masson-Delmotte, co-présidente d'un groupe de travail du GIEC et féministe, estime que « le changement climatique représente un risque majeur par rapport aux droits des femmes et des filles partout dans le monde[4] ». L'impact inégal du réchauffement climatique sur les femmes et les hommes n'est pas circonscrit aux pays du Sud. En France, les femmes représentent 80 % des familles monoparentales, qui sont les plus touchées par l'augmentation du prix de l'énergie ; la rénovation des logements et des passoires thermiques nécessite un soutien financier important de l'État à ces familles monoparentales et aux femmes isolées ou paupérisées. C'est précisément parce que « les publications scientifiques et les gouvernements sont souvent aveugles à cette dimension » qu'il est crucial d'adopter une « lecture féministe des politiques d'action pour le climat », comme le recommande la scientifique.

Ce n'est qu'en 2014, lors de la COP20 de Lima, que les États ont adopté un premier texte contraignant sur le sujet, le « Programme de travail de Lima sur le genre[5] ». Ce programme engage les pays à assurer une représentation équilibrée des femmes dans la mise en œuvre de la convention et de l'Accord de Paris. Les gouvernements ont ainsi l'obligation de former davantage de femmes négociatrices pour les COP. Trois ans après, à la COP23 de Bonn, en l'absence de progrès notable en la matière, les États ont adopté un Plan d'Action Genre. Ce plan d'action évalué tous les deux ans définit plusieurs priorités : intégration systématique d'une perspective de genre dans les politiques climatiques et dans l'Accord de Paris, partage d'informations entre pays, soutien à la participation et au leadership des femmes dans les négociations, évaluation des progrès. Chaque État est censé par ailleurs créer un poste de « point focal Genre et Climat » au sein de son gouvernement : une personne ou une équipe en charge de coordonner l'intégration des droits des femmes dans la politique climatique nationale et internationale du pays.

Au fil des ans, les ONG féministes ont progressivement intégré la dimension climatique dans leur plaidoyer auprès de la communauté internationale. Elles se sont constituées en un groupe de pression, le Women & Gender Constituency, dont l'existence est reconnue par l'ONU. Ce groupe s'assure de la participation de militantes issues de la société civile dans les réunions, ateliers et conférences organisés lors des COP et se mobilise pour faire pression sur les gouvernements et les Nations unies. À la COP de Madrid en 2019, les organisations féministes étaient nombreuses et très mobilisées pour mettre sous pression les délégations qui négociaient le texte. Grâce à de multiples actions publiques, comme des campagnes sur les réseaux sociaux ou des lettres publiques aux chefs d'État, elles ont réussi à obtenir que la communauté internationale reconnaisse pour la première fois la nécessité de préserver les savoirs des communautés locales et autochtones pour la conservation et de protection de la nature.

Les négociations ont pourtant été difficiles : certains pays refusaient de considérer que la protection des femmes contre le changement climatique relève de la défense des droits et s'opposaient à l'utilisation d'un vocabulaire des droits humains dans le texte. D'autres ont fait de la résistance face à la notion de « transition juste », un concept forcé par les mouvements syndicaux et les militants. Cette notion désigne l'obligation des États de mettre en place des politiques publiques (formation professionnelle, création d'emplois décents, soutien financier) afin d'accompagner la transition énergétique et environnementale vers une économie verte. En d'autres termes, les gouvernements doivent s'assurer que cette transition d'un modèle économique vers un autre soit équitable et inclusive et ne laisse personne de côté – à commencer par les femmes. Finalement, le texte de Madrid n'a pas abouti à la reconnaissance de ce « droit à une transition juste », qui impliquerait que les gouvernements soient soumis à une obligation juridique de soutenir économiquement les populations laissées pour compte de la transition écologique.

Certains pays, grâce à une prise de conscience précoce des enjeux environnementaux, ont remarquablement intégré une perspective de genre dans leur politique climatique. Le Costa Rica est un exemple. Petit pays d'Amérique centrale de 5 millions d'habitants, le Costa Rica est un pionnier de la défense de l'environnement et de la biodiversité : sur une surface de seulement 51 000 km^2, le pays abrite 6 % de la biodiversité mondiale et a inscrit le « droit à un environnement sain et écologiquement équilibré » dans sa Constitution il y a vingt ans. C'est un des quelques pays au monde à avoir adopté et mis en œuvre un plan d'action national Genre et Climat. En 2021, le ministère de l'Environnement a lancé un programme intitulé Mas Mujeres Mas Natura[6] (Plus de femmes, plus de nature) qui vise à accroître la participation des femmes dans les politiques publiques environnementales, dans les secteurs de l'eau, du transport, de la forêt, de la biodiversité, de l'énergie et de l'agriculture. L'accès aux financements bancaires pour les femmes travaillant en milieu rural et porteuses de projets respectueux de l'environnement a été facilité au niveau national et local. Le Costa Rica a même lancé une coalition internationale « For All[7] » en 2018 afin de promouvoir l'inclusion de l'égalité de genre dans les accords environnementaux multilatéraux.

24.

Protéger la terre et protéger les femmes

Dans la lutte pour la protection de la planète, l'activisme est incarné par des femmes, parfois des jeunes filles, venues d'horizons géographiques très différents, engagées dans leur pays et leur communauté pour protéger les sols, l'eau, les océans et les forêts. Les militantes féministes sont aujourd'hui à l'avant-garde du combat écologiste. Ainsi, Virginia Roque Aguilar[1], jeune Salvadorienne de 25 ans, milite activement contre les dégâts causés par l'extraction minière au Salvador et par l'exploitation des métaux en Amérique centrale. Le Salvador est le premier pays au monde à avoir interdit en 2017 la prospection, l'exploration, l'extraction ou le traitement de métaux. Selon Oxfam[2], l'exploitation de mines de métaux lourds, qui consomment énormément d'eau, était responsable de la contamination de plus de 90 % de l'eau du pays. Des produits chimiques très toxiques comme le cyanure ou le mercure étaient utilisés dans les mines et des déchets étaient rejetés dans les nappes phréatiques et les cours d'eau. L'extraction minière est également responsable de l'érosion des sols et de la déforestation au Salvador, à l'instar de nombreux pays d'Amérique centrale et du Sud.

Virginia Roque Aguilar s'est fait remarquer par sa mobilisation pour sauver le site de Tacushcalco, un site sacré de la communauté indigène de Pipils, un groupe ethnique minoritaire au Salvador. Le site de Tacushcalco est menacé par un projet immobilier de construction de logements et d'un centre commercial dont les eaux usées seraient rejetées directement dans la rivière Ceniza, en l'absence d'une station d'épuration, et par des projets d'installation de champs de canne à sucre.

La jeune femme a fondé le Mouvement écologiste salvadorien en 2018, avec lequel elle a lancé une campagne pour l'inscription du droit à l'accès à l'eau dans la constitution salvadorienne. Elle se revendique comme écoféministe et affirme que « la lutte pour l'environnement a un visage de femme ». Quel rapport entre son combat écologiste et ses préoccupations féministes ? Le Salvador est un pays particulièrement vulnérable en matière de risques climatiques. « De 2009 à 2015, sept années ininterrompues d'inondations et de sécheresse ont engendré plus de 1,6 milliard de dollars de pertes (230 millions annuels, soit 1,3 % du PIB). La sécheresse a induit une réduction drastique du débit d'eau disponible : le volume a diminué de plus de 90 % à l'est du pays[3]. » Responsables de la collecte de l'eau et de l'énergie pour chauffer et nourrir le foyer, les femmes sont les premières affectées par la raréfaction et la pollution des sources aquatiques qui les obligent à parcourir de plus longues distances afin de s'approvisionner en eau et bois. Lorsqu'elles s'éloignent seules de leurs habitations, elles sont plus vulnérables aux agressions sexuelles et physiques.

L'augmentation de la vulnérabilité économique face aux pratiques polluantes de l'industrie et aux catastrophes naturelles contribue à l'augmentation des violences fondées sur le genre. Au Pérou par exemple, « la pénurie d'eau potable pousse les femmes et les filles à chercher de l'eau dans les rivières ou au cœur de la jungle, ce qui augmente le risque de violences sexuelles » et « dans les zones d'exploitation forestière illégale, les femmes et les filles sont la principale cible des groupes criminels et de nombreuses femmes et filles ont disparu[4] ». Les femmes qui sont tombées enceintes des suites d'une agression sexuelle sont doublement pénalisées. Au Salvador, toute forme d'avortement est formellement interdite et pénalisée. Une fausse couche ou un avortement, considérés comme un homicide aggravé par négligence, peut mener à trente ou quarante ans de prison. Or la plupart des femmes emprisonnées pour avortement sont issues de milieux très pauvres, de communautés rurales, touchées par la dégradation des conditions climatiques et souvent victimes de viols. L'Organisation mondiale de la santé (OMS) indiquait en 2011 que « 11 % des femmes et des jeunes filles qui ont cherché à se faire avorter illégalement au Salvador en sont mortes[5] ».

Sur le continent africain aussi, les femmes et les jeunes filles sont les plus mobilisées pour lutter contre les effets du dérèglement climatique. Marie Christina Kolo[6], militante malgache écoféministe de 35 ans, a cofondé le Réseau Climat Océan Indien pour permettre aux jeunes de Madagascar, de Maurice, de la Réunion et des Seychelles d'échanger sur leurs stratégies de mobilisation écologiste dans la région. À Madagascar, les femmes sont les premières touchées par le changement climatique, alors que 80 % de la population est issue de communautés rurales, souvent isolées et très pauvres. La militante malgache est aussi une entrepreneuse : elle a fondé Green N Kool, une entreprise sociale et solidaire investie dans la gestion communautaire des déchets et la création de produits recyclés. Elle s'est fait remarquer pour la fabrication d'un savon écologique conçu à partir d'huile alimentaire usagée, qui est un des principaux facteurs de pollution urbaine lorsqu'elle est jetée dans la rue. En 2019, alors qu'elle était la seule représentante non gouvernementale malgache à la COP à Madrid, Marie Christina Kolo a publié une lettre ouverte au président de Madagascar, Andry Rajoelina. Elle y dénonçait une altercation violente avec le ministre de l'Environnement Alexandre Georget, qui l'avait agressée verbalement en pleine COP, furieux des critiques de la militante sur les réseaux sociaux. La lettre critiquait le gouvernement malgache pour avoir exclu les jeunes de la société civile de la délégation officielle du pays[7].

À 30 ans, elle a lancé Ecofeminism Madagascar, un site d'échange sur le lien entre le réchauffement climatique et les violences fondées sur le genre. Dans un pays où 10 % des femmes ont déjà été victimes d'agressions sexuelles, Marie Christina Kolo fait partie des voix les plus fortes et les plus constantes pour dénoncer les violences à l'égard des femmes dans une société encore patriarcale. Dans une interview à TV5 Monde[8], elle explique le lien consubstantiel entre son combat écologiste et féministe : « Je me revendique d'un mouvement qui considère que la manière dont les femmes sont aujourd'hui traitées et dominées est similaire à la manière dont l'homme domine la nature. On se permet de s'accaparer la terre comme on s'accapare le corps de la femme sans que la nature ou que la femme ait son mot à dire. » À la COP25, elle faisait partie de jeunes activistes qui ont pu dialoguer directement avec Antonio Guterres, secrétaire général des Nations unies.

25.

Défendre les savoirs et les droits des populations autochtones

L'écoféminisme, à l'intersection de la lutte pour l'égalité et pour la protection de la planète, croise parfois un troisième combat : celui pour la protection et la valorisation des communautés autochtones (aussi dites indigènes). C'est à ce triple carrefour que se situe Hindou Oumarou Ibrahim, issue de la communauté peule au Tchad. Les Peuls sont un peuple pastoral qui représente 2 % de la population tchadienne mais qu'on retrouve dans 23 pays de l'Afrique de l'Ouest et centrale. Les tribus peules sont des tribus nomades vivant de la vente du lait ou du beurre issu de l'élevage de bétail qui constitue leur matière première. Ces communautés sont donc entièrement dépendantes des ressources naturelles et de leur environnement, et leurs moyens de subsistance sont directement menacés par l'augmentation des températures et la baisse de la pluviométrie. Les femmes peules sont chargées de la vente des produits laitiers dans les villages et de l'achat de produits manufacturés en échange. Au Tchad, le lien est souvent établi entre d'une part l'appauvrissement des populations dû en partie à l'impact du changement climatique et à l'épuisement des ressources et d'autre part, l'émergence de groupes armés ou terroristes qui recrutent dans les rangs de ces populations frustrées de l'inaction des gouvernements.

À 15 ans, Hindou Oumarou Ibrahim a créé l'Association des femmes peules autochtones du Tchad, qui a pour objectif de sensibiliser ses concitoyens et la communauté internationale aux difficultés de survie que connaît sa communauté. Rapidement, elle est devenue la voix de son peuple et a été invitée dans les grands rassemblements internationaux où se négocie l'avenir de la planète. Lors de la COP21, elle a coprésidé le Forum international des peuples autochtones sur le changement climatique. « À la COP21, les droits des peuples autochtones et la reconnaissance de leur savoir-faire traditionnel pour protéger l'environnement ont été reconnus pour la première fois. À la COP22, à Marrakech, les autochtones ont été assis à la table des négociations car personne ne peut parler à notre place. À la COP23, à Rio, a été constitué, pour la première fois, un groupe consultatif créé au sein de la CCNUCC avec sept régions socio-culturelles autochtones », rappelle-t-elle. « À la COP26, il faudrait changer le système de la négociation car, jusqu'à présent, ce sont toujours les États qui arbitrent. Or les peuples autochtones représentent 5 % de la population mondiale et protègent 80 % de la biodiversité de notre planète.

Côté financement aussi, nous avons des revendications. 30 % des solutions climat viennent de la nature et 1 % seulement des financements leur sont dédiés : n'est-ce pas un peu paradoxal ? Nous demandons donc 1 milliard de dollars pour pouvoir développer nos savoirs traditionnels et restaurer les écosystèmes. Nous demandons également l'indemnisation des pertes et dommages[1]. »

Hindou Oumarou Ibrahim ne se contente pas d'interpeler les gouvernements, elle propose aussi de s'appuyer sur les savoir-faire des populations autochtones pour s'adapter au changement climatique. Ainsi, elle a soutenu l'invention d'une application de modélisation des ressources naturelles présentes sur le territoire. Cette application s'appuie sur les informations recueillies par les pasteurs peuls dans la région du Sahel pour cartographier plus précisément et de manière participative ces ressources. L'association de connaissances locales avec des nouvelles technologies permet donc une adaptation et une anticipation des besoins.

D'autres femmes issues de communauté autochtones, souvent jeunes, se sont fait connaître pour leur plaidoyer en faveur de la protection des ressources naturelles et sont devenues des voix de plus en plus écoutées dans les forums internationaux. Txai Surui, jeune Amazonienne issue du peuple suruí au Brésil, s'est fait remarquer par un discours à la COP26 à Glasgow en 2021, alors qu'elle n'avait que 24 ans, où elle a interpelé les représentants de 190 États face à la disparition de la biodiversité en

Amazonie. La même année, elle menait une action judiciaire contre l'État brésilien afin de faire annuler une directive autorisant le pays à dépasser le seuil d'émissions de gaz à effet de serre qu'il s'était engagé à respecter dans le cadre de l'Accord de Paris. C'est en raison de son activisme qu'elle a été directement menacée par le gouvernement de Jair Bolsonaro, pourfendeur du féminisme tout autant que de l'écologie. Elle a reçu de nombreuses menaces de mort pour son plaidoyer en faveur des populations autochtones et de la protection de la biodiversité.

Elle n'est pas la seule. L'ONU reconnaît que les défenseurs de l'environnement, dont une proportion significative est constituée de personnes indigènes, sont parmi les défenseurs des droits les plus menacés au monde. Dans cette catégorie, les femmes sont encore plus ciblées que les hommes. Elles sont souvent victimes de violences sexuelles et physiques, utilisées pour les faire taire et les contraindre à cesser leur activisme. Ces violences peuvent être le fait de personnes au sein de leur propre communauté et de leur famille – des hommes mécontents de voir des femmes prendre la parole en public et s'approprier un pouvoir politique –, de groupes armés ou encore de forces de l'ordre dans des pays autoritaires dont le gouvernement ne laisse aucune place à la contestation écologique. Selon Amnesty, certains États comme le Pérou ou le Paraguay criminalisent l'activisme écologique[2] et les personnes autochtones qui se retrouvent devant les tribunaux n'ont pas les moyens financiers ni le capital social pour organiser leur défense. En 2017, quatre défenseurs des droits de l'environnement étaient tués en moyenne chaque semaine dans lc mondc[3]. En 2016, Berta Cáceres, militante écologiste du Honduras, a été assassinée pour s'être opposée à un projet de barrage. Le tribunal a jugé que le meurtre avait été commandité par les dirigeants de la société constructrice du barrage « pour stopper les retards et les pertes financières que les manifestations lancées par la militante causaient à la société[4] ».

26.

Des femmes à la pointe de l'écologie

Si les militantes sont donc à l'avant-garde du combat écologiste, battant le pavé des manifestations et prenant la parole à la tribune des Nations unies, les femmes sont aussi nombreuses du côté des gouvernements à mener un combat décisif pour faire entendre la voix du pays où elles ont été élues. Selon Valérie Masson-Delmotte, « les émissions de gaz à effet de serre par habitant sont plus faibles dans les pays où les femmes ont plus de poids politique[1] ». C'est particulièrement le cas dans les petits États insulaires du Pacifique ou des Caraïbes, directement menacés par la montée des eaux qui pourrait causer la disparition complète de leur pays. Hilda Cathy Heine a été présidente des îles Marshall, un archipel de 181 km^2 et de 60 000 habitants situé au milieu de l'océan Pacifique, de 2016 à 2020. Première citoyenne de son pays à obtenir un doctorat, fondatrice de l'association Women United Together Marshall Islands, elle est la première femme à avoir occupé le poste de présidente des îles Marshall et elle est également reconnue comme une des voix les plus écoutées à la COP25 à Madrid en 2019. Présidente du Forum sur la vulnérabilité climatique, qui comprend 48 pays, elle a fait entendre un plaidoyer vibrant en faveur des pays les plus vulnérables au changement climatique. « Les atolls les plus vulnérables comme mon pays sont déjà dans le couloir de la mort[2] », déclarait-elle lors du sommet. En 2018, elle a été à l'initiative du premier Sommet virtuel pour le climat, qui s'est déroulé entièrement en ligne et dont l'empreinte carbone a été nulle. Parmi les premières Marshallaises à briser le plafond de verre en politique, Hilda Heine s'est exprimée à de multiples reprises pour promouvoir le rôle des femmes dans la transition écologique. Elle a fondé le Pacific Women Leaders Coalition et créé un fonds de 1 million de dollars pour soutenir l'entreprenariat des femmes.

De l'autre côté de la planète, la Première ministre de la Barbade Mia Mottley, micro-État des Caraïbes avec une population de 290 000 habitants, est une autre figure de proue de la lutte contre le changement climatique. Son discours devant l'Assemblée générale des Nations unies en 2021 a fait date[3]. Elle y attaquait frontalement les quelques pays riches responsables du réchauffement climatique qui met en danger l'existence de pays comme le sien, à cause de l'érosion côtière, des ouragans et de l'acidification des océans. Lauréate du prix « Champions de la terre », elle a initié une transition de l'économie de la Barbade vers un modèle sans énergies fossiles d'ici

2030, en équipant notamment les foyers de panneaux solaires. Son leadership a largement contribué au principal succès de la COP de 2022 : l'adoption d'un fonds pour les pertes et dommages qui viendra indemniser les pays les plus pauvres qui sont les plus touchés par la crise climatique et qui ont pourtant le moins contribué à cette crise.

Des initiatives existent pour permettre aux femmes de surmonter les effets du changement climatique et de s'y adapter, et pour les faire monter en compétence en affirmant leur rôle dans le processus de transition environnementale, économique et sociale. Les États, les organisations multilatérales, les banques de développement et les bailleurs internationaux s'y intéressent de plus en plus, prenant acte de l'impact positif et démultiplicateur de l'implication des femmes dans la transition. Au Sénégal, ONU Femmes* a lancé en 2019 un programme intitulé AgriFED, « Appui aux femmes dans l'agriculture et le développement durable[4] ». Financé à hauteur de 1,8 million de dollars sur trois ans par BNP Paribas, le programme fait d'une pierre deux coups. Il favorise l'accès des agricultrices au contrôle et à la propriété des terres et à des financements autonomes grâce à des crédits bancaires. En leur fournissant des formations techniques (marketing, labellisation, comptabilité, gestion financière) et l'accès à des technologies permettant d'accroître leur productivité, AgriFED contribue efficacement à l'autonomisation économique de ces femmes, qui cultivaient la terre sans pour autant avoir accès à la formation, aux innovations et aux prêts bancaires.

En parallèle, le programme est conçu autour d'une agriculture résiliente au changement climatique, dans une région où la production agricole est centrale à l'économie du pays et où elle est touchée de plein fouet par des phénomènes climatiques extrêmes et par l'imprévisibilité des saisons. Environ 30 000 agricultrices sénégalaises, membres du Réseau des femmes agricultrices du Nord, ont accès à une ligne de crédit spécialement adaptée à leurs besoins pour la production et la commercialisation du riz, et sont accompagnées dans l'identification de techniques et de variétés de semences résilientes au changement climatique. En 2020, une formation au pilotage de drones a été déployée : elle permet de gagner un temps substantiel pour « estimer avec plus de précision la quantité de fertilisants nécessaire et détecter des maladies éventuelles dans leurs parcelles, tout en améliorant leurs pratiques environnementales[5] ». D'autres projets similaires ont été lancés dans de nombreuses régions du monde, au Bangladesh, en Inde, en Somalie, où la plupart des femmes bénéficiaires ont dû fuir leur lieu d'habitation en raison du dérèglement climatique.

De plus en plus de pays ont pris conscience de la nécessité d'accroître la représentation des femmes dans les équipes de négociation à la COP et dans toutes les enceintes multilatérales où sont discutées les mesures d'adaptation et d'atténuation du changement climatique.

Cette augmentation de la proportion de femmes est un engagement formel de la part des États, au titre du Programme de Lima sur le genre et du Plan d'Action Genre. Mais pour assurer une relative mixité, encore faut-il qu'un nombre suffisant de femmes soient formées à la maîtrise des enjeux scientifiques, techniques et financiers et à la définition de politiques publiques climatiques. Ce besoin est particulièrement notable pour un certain nombre de pays du Sud. La France et le Canada ont lancé à cet effet le Partenariat franco-canadien pour le climat et l'environnement, adopté par les deux pays en 2018 et renouvelé en 2021. Dans ce partenariat qui fixe des lignes de collaboration concrètes, Paris et Ottawa s'engagent à soutenir « le renforcement de la capacité des femmes à améliorer la résilience de leurs cultures, leur accès à l'eau et aux autres ressources naturelles et leur participation à la prise de décision sur l'environnement, notamment sur les énergies renouvelables[6] ».

Cet engagement s'est traduit par une série d'ateliers de formation de négociatrices francophones pour le climat, co-organisés avec l'Organisation internationale de la francophonie (OIF). À Dakar en 2018, à Kigali en 2019, à distance en 2021 et à Monaco en 2022, plusieurs centaines de femmes négociatrices de langue française ont été préparées par des experts dans la perspective de leur participation aux COP respectives de Katowice (2018), de Madrid (2019), de Glasgow (2021) et de Charm El-Cheikh (2022). La préparation portait sur l'élaboration de politiques sur le changement climatique, mais aussi sur les techniques de négociation et de prise de parole en public ; certaines ont vu leurs frais de participation à la conférence financés, car tous les participants ne sont pas égaux face au coût de transport et du logement pour participer aux COP. D'abord destinés à des négociatrices africaines (la moitié des pays africains du groupe de négociation de la CCNUCC sont en effet francophones), les ateliers ont été étendus à une trentaine de pays de l'OIF, tous continents confondus.

27.

Agir au niveau local, national et international

Face au dérèglement climatique, un autre type d'acteur est monté en puissance : les collectivités territoriales. Certaines d'entre elles se sont saisies de la question du leadership des femmes en matière environnemental. Le C40 Cities est un collectif rassemblant les 90 plus grandes villes du monde, qui représente 650 millions de personnes et un quart du PIB mondial. Son objectif est « de lutter contre le changement climatique et de mettre en place des programmes pour limiter les émissions de gaz à effet de serre et les risques climatiques, tout en améliorant la santé, le bien-être et les débouchés économiques des habitants des villes[1] ». En 2017, le C40 a lancé le programme Women4Climate, en partenariat avec la fondation L'Oréal, investie dans le soutien aux femmes dans les sciences et dans le climat. Ce programme de mentorat est destiné à des jeunes femmes qui développent des projets concrets et locaux de réponse aux effets du réchauffement climatique. Ces jeunes entrepreneures ou inventrices bénéficient d'un mentorat sur mesure par des femmes leaders dans le secteur public, privé et associatif : networking, formation, partage d'expérience, soutien politique, entre autres.

Le but est clair : « faire monter une nouvelle génération de femmes leaders au niveau mondial[2] » dans le domaine écologique. 600 femmes en bénéficient dans de nombreuses métropoles : Addis-Abeba, Auckland, Barcelone, Freetown, Lisbonne, Lima, Londres, Mexico, Montréal, La Nouvelle-Orléans, Paris, Quito, Tel-Aviv, Sydney, Toronto et Vancouver. Parallèlement, l'initiative a lancé un Women4Climate Tech Challenge, un concours d'innovation technologique pour le climat ouvert exclusivement aux femmes, dont les projets gagnants bénéficient d'un programme d'accélération et d'opportunité de mise en application dans les villes du collectif C40. Là encore, l'objectif est d'intégrer des perspectives, inventions et contributions de femmes dans la définition des solutions d'avenir mais aussi dans les processus de décision environnementaux.

Un nombre croissant d'organisations, qu'il s'agisse d'acteurs privés, de collectivités territoriales ou d'ONG, sont engagées à l'intersection de ces deux combats majeurs du siècle : la lutte pour l'égalité de genre et la protection de la planète. Les gouvernements se rendent graduellement à l'évidence qu'il ne peut y avoir de lutte efficace contre le dérèglement climatique et pour la protection de la biodiversité sans les femmes, premières touchées et premières actrices. Signe des temps, la 66e session de la Commission de la condition de la femme de l'ONU* qui a eu lieu en mars 2022 portait pour la première fois sur la thématique suivante : « Changements climatiques, réduction des risques environnementaux et des risques de catastrophe : l'égalité des sexes et l'autonomisation des femmes et des filles au centre des solutions ». Lors des négociations, il est intéressant de noter que les pays du Nord ont été rejoints par les gouvernements progressistes de l'Amérique latine (Mexique, Argentine, Chili, Uruguay) mais également par certains États des Caraïbes et des États insulaires du Pacifique, pour pousser à l'adoption d'un langage plus ambitieux sur le sujet. La vulnérabilité de ces États au changement climatique, associée à la prise de conscience du rôle des femmes, explique ces alliances de circonstance qui permettent une approche transrégionale.

Droit à disposer librement de son corps, droit à participer à la construction de la paix, droit à vivre dans un environnement sain : dans ces combats d'actualité, les femmes sont autant victimes de la volonté de certains de les priver de ces droits qu'actrices du changement et de la construction de l'avenir. Du point de vue des institutions, nationales et internationales, il reste encore un long chemin à parcourir pour qu'elles soient considérées comme telles, c'est-à-dire comme des sujets « majeurs » qui agissent et participent au développement des sociétés, et non seulement comme des sujets « mineurs » qui subissent l'oppression des hommes et du patriarcat.

Ce processus de reconnaissance puis d'intégration des femmes a une dimension hautement politique et géopolitique. Aucun sujet n'est « anodin » dans des systèmes encore largement dominés par les hommes. Intégrer des femmes, ex-combattantes ou représentantes du gouvernement, à la table des négociations en Colombie revenait évidemment à accepter que soient exposées au plein jour les violences qu'elles ont subies pendant la guerre (des deux côtés) et à prendre en compte leurs exigences de représentation et de réparations. Investir prioritairement dans des projets écologiques d'agriculture résiliente ou de lutte contre la déforestation menés par des femmes revient à réorienter les financements des hommes vers les femmes et à aller à l'encontre de certains intérêts privés très puissants. Et surtout, dans le contexte du *backlash*, toute initiative touchant à l'autonomie des femmes devient un objet de dissensions et de luttes d'influence au sein des instances de l'ONU. Du point de vue de certains États conservateurs, la résolution « Femmes, paix et sécurité » et l'inclusion des femmes comme actrices de la transition environnementale reflètent un agenda radical des mouvements et pays féministes qui remettent en cause davantage la répartition genrée des rôles et les fondements patriarcaux des sociétés.

Les avancées les plus notables et les initiatives les plus novatrices en matière de droits des femmes naissent rarement dans les espaces de négociation intergouvernementale. Ces succès émergent souvent sous l'impulsion d'organisations féministes en coordination avec quelques États et organisations internationales. Pour gagner de nouveaux combats, les acteurs de la géopolitique des droits des femmes renouvellent donc leurs moyens d'actions et leurs méthodes de travail. Sans déserter les enceintes diplomatiques classiques, les gouvernements comme les ONG sont à la recherche de nouveaux partenariats et de nouvelles collaborations, sur des projets ciblés, main dans la main avec des acteurs locaux et régionaux. Ces nouveaux partenariats impliquent également de plus en plus des acteurs privés, des entreprises ou des fondations philanthropiques, dont le rôle et les actions en faveur de l'égalité de genre vont croissant depuis une dizaine d'années. Ce nouveau multilatéralisme* à géographie variable, associant des acteurs récemment arrivés dans l'écosystème féministe, offre de nombreuses solutions pour faire avancer les droits des femmes dans un contexte mondial défavorable.

28.

Les droits des femmes bloqués à l'ONU

Depuis quelques années, diplomates, représentants d'organisations internationales et militants féministes présents dans les enceintes multilatérales partagent le même constat amer. Les négociations annuelles qui se déroulent dans les instances des Nations unies, au niveau mondial ou au niveau régional, sont en grande partie paralysées par l'opposition de plus en plus affirmée de certains États conservateurs. De nombreuses ONG, habituées de ces réunions intergouvernementales où affluent chaque année des délégations venues du monde entier, le formulent ainsi : désormais, les victoires s'apparentent à des non-défaites. La période dorée des années 1990 et 2000 est révolue. Dans un contexte de polarisation accrue entre tenants du progrès et partisans d'un retour en arrière, la bataille est rude. Les négociateurs consacrent toute leur énergie à défendre avec acharnement, et parfois un peu de découragement, les droits les plus basiques qu'ils pensaient acquis depuis plusieurs décennies. Droit à la contraception et à la planification familiale, reconnaissance des violences fondées sur le genre, place des femmes dans la résolution de conflits et même participation des femmes à l'économie : les fondamentaux sont attaqués par des gouvernements qui ont pourtant signé ou ratifié les traités internationaux protégeant ces droits.

Ce constat de blocage partiel du système des Nations unies, fondé sur le principe du consensus et de l'unanimité, concerne l'ensemble des droits humains, de plus en plus sujet à des remises en cause au nom de particularités culturelles, religieuses ou géographiques, alors même que ces droits sont clairement reconnus dans les conventions internationales. Les coups de boutoir du relativisme, qui viennent écorner l'universalité des droits, ne sont pas les seuls à mettre à mal le corpus des libertés. La montée en puissance de gouvernements « autocratiques » et de démocraties illibérales, incarnées par des gouvernements démocratiquement élus mais déterminés à supprimer les libertés publiques et individuelles, est inquiétante de tous points de vue. Ces gouvernements, qui prétendent proposer un modèle alternatif au modèle « occidental » fondé sur le respect de l'État de droit et des libertés fondamentales, n'hésitent plus à remettre en question le droit international et à s'attaquer aux minorités.

Un petit groupe de pays s'efforce de revenir sur les droits acquis dans les grandes conventions internationales et sur le « langage agréé », (les formulations qui font l'objet d'un consensus après avoir été adoptées dans plusieurs textes internationaux). Comme on l'a vu, ce groupe agrège à la fois des États occidentaux de tradition chrétienne, pourtant sécularisés de longue date, et des États à majorité musulmane, où l'islam est encore religion d'État et le pouvoir religieux conserve une influence prépondérante sur la vie politique. Cette « Sainte-Alliance » contre-nature voit ainsi des pays tels que la Russie, la Pologne, la Hongrie, les États-Unis sous Donald Trump ou le Brésil sous Jair Bolsonaro voter aux Nations unies avec des États comme l'Arabie saoudite, l'Iran, le Pakistan, l'Égypte, le Soudan, le Nigéria, le Yémen, voire parfois l'Indonésie et le Kenya. Les logiques de vote dépassent très clairement les clivages géographiques et religieux habituels. Alors que les négociations des textes à l'ONU sont organisées par « groupes régionaux » – Afrique, Asie-Pacifique, Europe de l'Est, Amérique latine et Caraïbes, Europe de l'Ouest et autres États[1] –, les lignes de fracture en matière de droits des femmes traversent chaque groupe. Aux côtés de l'Iran et de l'Irak, on peut ainsi retrouver le Saint-Siège, qui dispose d'un statut d'observateur permanent et qui tente d'influer fortement sur les négociations onusiennes, et la Russie orthodoxe, ainsi que certains pays des Caraïbes et d'Afrique. D'autres pays comme le Cameroun ou le Nigéria, à moitié musulmans et à moitié chrétiens, sont également des acteurs importants du *backlash*.

Par exemple, la France et les Pays-Bas présentent tous les deux ans une résolution à l'Assemblée générale des Nations unies sur la prévention et l'élimination de tous types de violences à l'égard des femmes et des filles. Traditionnellement, les résolutions liées à des sujets comme celui-ci sont adoptées par consensus. Or depuis quelques années, on voit se dessiner une coalition d'États qui s'organise pour affaiblir systématiquement la portée du texte. Cette petite quinzaine d'États s'attaque au consensus qui rassemble les quelque 170 autres. Figurent sur cette liste la Russie, la Syrie, le Nigéria, le Soudan, la Libye, la Biélorussie mais aussi le Nicaragua, le Cameroun, la Gambie, l'Algérie, la Chine, avec des votes variables en fonction des années. Ainsi, l'Arabie saoudite, le Yémen, l'Égypte, la Libye, le Nigéria mais aussi la Russie refusent l'utilisation des termes « viol conjugal » et « violences entre partenaires intimes » (violences domestiques), estimant que ces notions varient selon les cultures – ce qui sous-entend que dans certaines cultures ces deux phénomènes sont acceptables. Les mêmes États s'opposent systématiquement à la mention des « féminicides », arguant que ce terme recouvre des réalités différentes selon les pays et qu'il n'existe pas de consensus international sur sa définition. Tous ces pays justifient leur refus d'agir face aux violations des droits des femmes par le principe de souveraineté des États : chaque gouvernement aurait le droit souverain de mettre en œuvre des politiques alignées avec sa législation nationale, sa culture et sa religion propres.

Ces alignements d'États hétéroclites, que parfois tout oppose, affirment leurs ambitions sur la scène internationale. S'ils ne sont jamais majoritaires, ils déploient toutefois un arsenal d'initiatives, d'interventions et de moyens médiatiques qui constituent une véritable capacité de nuisance et de parasitage des négociations internationales. Cette capacité de nuisance s'est révélée lors du sommet international organisé à Nairobi au Kenya en novembre 2019, pour célébrer le 25e anniversaire de la Conférence internationale pour la population et le développement (CIPD). Cette conférence, qui avait eu lieu au Caire en 1994, avait abouti à l'adoption par consensus de 179 États d'un « Programme d'action » plaçant l'accès aux services de santé sexuelle et reproductive et la planification familiale au cœur des enjeux de développement démographique et économique des pays. À l'époque, ce consensus avait résisté aux attaques du Vatican et d'un certain nombre de pays à majorité musulmane. Un quart de siècle plus tard, la conférence anniversaire organisée au Kenya par les Nations unies avait pour objectif de remobiliser les États autour d'enjeux majeurs : réduction de la mortalité infantile et maternelle, élimination des violences fondées sur le genre, éradication des pratiques néfastes comme les mutilations génitales ou les mariages précoces, et réalisation effective des droits et santé sexuels et reproductifs*.

Le résultat tant attendu de ce sommet international a été parasité par un coup d'éclat orchestré par la délégation américaine, alors sous présidence Trump, aux côtés d'une dizaine d'autres pays. Au matin du dernier jour des négociations, ce petit groupe de pays organisa une conférence de presse surprise pour dénoncer « le processus et le manque de transparence des négociations », qui prévoyaient selon eux de faire reconnaître « de nouveaux droits humains, notamment le droit à l'avortement et à l'éducation à la sexualité pour les adolescents[2] ». Aux côtés de Valerie Huber, cheffe de la délégation américaine, se tenaient des représentants de dix pays : le Brésil, le Biélorussie, l'Égypte, Haïti, la Hongrie, la Libye, la Pologne, le Sénégal, Sainte-Lucie et l'Ouganda. Dans cette liste figurent donc des pays de forte tradition catholique, d'autres de confession musulmane, des « grands pays » comme des très petits, des États américains, africains, européens.

Le communiqué publié dans la foulée de la conférence de presse avait pour but de délégitimer d'emblée le texte final qui devait être adopté par les délégations. Selon ses auteurs, « aucune décision de ce sommet ne résultait d'une négociation intergouvernementale et ne pouvait être considérée comme le résultat d'un consensus ». La seconde partie est encore plus limpide : « Nous ne soutenons aucune des références à des termes ou expressions ambigus, comme les droits et santé sexuels et reproductifs*, qui ne bénéficient pas d'un consensus international », avant d'affirmer : « Il n'y a pas de droit international à l'avortement ». Un simple communiqué de presse pouvait sembler inoffensif, mais dans un monde diplomatique où les oppositions sont toujours feutrées et où tout résultat est obtenu par consensus, l'objectif était clair : saboter les résultats des négociations. Et malgré la participation de 137 gouvernements et de 20 000 délégués, en dépit de l'annonce de 1 300 engagements nationaux ou internationaux, l'objectif aura été en partie atteint : aucun texte final n'a pu être adopté par les participants, alors même que les organisations féministes attendaient ce sommet depuis vingt-cinq ans.

29.

Des alliances anti-avortement sous influence américaine

Sous présidence Trump, les coups d'éclat et les oppositions à l'adoption de textes internationaux ont été légion. Le positionnement de l'administration américaine a été constant pendant quatre ans : refuser systématiquement la mention des droits et santé sexuels et reproductifs*, notion pourtant présente depuis plusieurs décennies dans les textes internationaux ; prendre de court les négociations en organisant des « sorties » médiatiques afin de faire voler en éclat tout consensus ; et rallier à sa cause un groupe disparate d'États. Les États-Unis n'ont pas hésité à faire pression sur des petits pays en menaçant de leur couper certains budgets de l'aide publique au développement* ou de mettre fin à des coopérations bilatérales. C'est la pratique du Global Gag Rule (*règle du bâillon global*), une règle qui interdit au gouvernement américain de financer des ONG qui abordent les questions d'avortement, en font la promotion ou simplement l'évoquent dans leur action. Cette règle, qui fragilise considérablement de nombreuses

ONG dépendantes des financements américains, a été systématiquement appliquée par chaque président républicain – puis supprimée par chaque président démocrate.

Les connivences entre les partis politiques anti-droits* de plusieurs continents sont indubitables. La capacité de collaboration et de mobilisation au-delà des frontières, et malgré des différences de régime politique, de positionnement idéologique et même de cultures, est inquiétante. D'après l'ONG Ipas, l'année 2022 a été particulièrement fertile pour les alliances entre conservateurs nord-américains, sud-américains, africains et européens. Ainsi, Valerie Huber, cheffe de file de l'administration Trump à la conférence de Nairobi, a passé l'année 2022 à sillonner la planète pour promouvoir l'agenda anti-droits : à Mexico pour la Conférence d'action politique conservatrice (CPAC), à Budapest pour le IVe Sommet transatlantique du réseau politique pour les valeurs, au Guatemala pour le Congrès ibéro-américain pour la vie et la famille… À Bogota s'est tenue la première réunion régionale du Forum de Madrid, qui se présente comme « une alliance internationale de dirigeants, d'entités et de partis qui défendent la liberté, la démocratie et l'État de droit face à l'avancée de l'extrême gauche dans les pays des deux côtés de l'Atlantique » – c'est-à-dire une coalition de politiciens d'extrême droite, souvent catholiques intégristes, issus d'Europe, d'Amérique latine et des États-Unis. Lors du rassemblement Viva 22 organisé par le parti espagnol d'extrême droite Vox à l'automne

2022, des messages vidéo de Donald Trump, Giorgia Meloni, Viktor Orban et Ted Cruz complétaient la présence du Premier ministre polonais Mateusz Morawiecki.

En avril 2019, le Conseil de sécurité des Nations unies souhaitait adopter une résolution sur l'usage des viols et violences sexuelles comme armes de guerre et les mesures de prévention et de punition que doivent mettre en place les États pour éviter et punir ces crimes de guerre à caractère sexuel. Un sujet à première vue consensuel qui s'est pourtant heurté à toute la violence de *backlash*[1]. Au cours de plus de dix heures de débats agités, plusieurs membres permanents du Conseil n'ont pas hésité à brandir la menace du veto. Si l'usage du veto par la Russie et par la Chine n'est pas inhabituel, cette « arme fatale » de la diplomatie est habituellement réservée aux questions de sécurité internationale, comme la guerre russe en Ukraine ou le programme nucléaire iranien. Le veto n'est rarement ou jamais utilisé quand le Conseil de sécurité se penche sur les droits des femmes. Pourtant, la Chine, la Russie et les États-Unis ont menacé d'utiliser leur « carton rouge » pour faire supprimer une petite phrase qui mentionnait la « fourniture de services de santé sexuelle et reproductive » aux victimes de violences sexuelles dans les conflits. La position américaine assumait son extrémisme : même en cas de viol, même dans un contexte de guerre, il ne pouvait y avoir de mention des droits reproductifs, et encore moins de possibilité d'y inclure des services d'avortement pour les femmes victimes de viols.

La négociation a bloqué sur d'autres points, comme le fait d'appeler les gouvernements à « renforcer les lois qui protègent et soutiennent les personnes gays, lesbiennes, bisexuelles et transgenres qui sont ciblées pendant les conflits », ou encore la référence au rôle de la Cour pénale internationale dans la poursuite des auteurs de violences sexuelles. Dans une configuration géopolitique inhabituelle, les États-Unis se sont donc retrouvés alignés avec leurs plus puissants ennemis, la Chine et la Russie, et opposés à leurs alliés historiques, la France et le Royaume-Uni. Finalement, la menace du veto aura signé la victoire des anti-droits : le texte final de la résolution sera considérablement réduit et son impact amoindri.

L'initiative la plus retentissante orchestrée par l'administration Donald Trump est certainement la « Déclaration de consensus de Genève ». En octobre 2020, le secrétaire d'État américain Mike Pompeo organisait une conférence de presse, entouré de représentants du Brésil, de l'Égypte, de la Hongrie, de l'Indonésie et de l'Ouganda. Il y annonçait en grande pompe la signature par 34 États de la « Déclaration du consensus de Genève pour la promotion de la santé des femmes et le renforcement des familles », un document de trois pages. Cette déclaration a trait en apparence à la promotion de la santé des femmes. Elle réaffirme que « les droits des femmes sont une partie intégrale, inaliénable et indivisible des droits humains et des libertés fondamentales » et que « les femmes doivent bénéficier d'un accès équitable à une éducation de qualité, aux ressources économiques, à la participation politique ainsi qu'à des opportunités égales en matière d'emploi, de responsabilités et de postes décisionnels ». Une déclaration honorable à première vue, mais dont la véritable nature est tout autre : selon ses signataires, « chaque personne a le droit inhérent à la vie » (une formulation déguisée pour interdire l'avortement) et « en aucun cas l'avortement ne doit être promu comme une méthode de planification familiale ». Le texte va plus loin, rappelant que « la famille est l'unité naturelle et fondamentale de la société et a le droit à la protection de la société et de l'État » et que « les femmes jouent un rôle primordial au sein de la famille grâce à leur contribution au bien-être de la famille et au développement de la société ». La déclaration de consensus de Genève est donc un manifeste ouvertement anti-droits qui réfute l'existence d'un droit international à l'avortement et renvoie au « droit souverain de chaque nation de mettre en œuvre des programmes cohérents avec leurs lois nationales ».

Cette déclaration n'a néanmoins aucune valeur en termes de droit international. L'administration américaine de l'époque a bien tenté de la mettre à l'agenda de l'Assemblée générale des Nations unies quelques mois plus tard, mais elle s'est vu opposer une fin de non-recevoir[2]. Si elle n'emporte pas de portée juridique, elle constitue cependant un précédent alarmant. Tout d'abord parce que 34 États l'ont signée lors de son lancement. On retrouve dans cette liste hétéroclite des *usual suspects* du *backlash* : Hongrie, Libye, Pologne, Arabie saoudite, Soudan, Ouganda, Haïti, Égypte, Pakistan. Mais d'autres pays comme le Burkina Faso, le Kenya et le Sénégal les ont rejoints. Or ces pays sont généralement considérés comme plutôt dynamiques en matière d'égalité de genre sur le continent africain. Le Burkina Faso, par exemple, fait partie de la coalition internationale pour les droits et santé sexuels et reproductifs*, aux côtés de la France, du Danemark et de la Fédération internationale pour le planning familial, lancée au Forum Génération Égalité en 2021. Il y a pris des engagements historiques sur l'accès à la contraception, les méthodes de planification familiale et l'éducation à la sexualité. Le Sénégal, quant à lui, est un partenaire de longue date des bailleurs internationaux pour des programmes de lutte contre les violences fondées sur le genre, de sensibilisation à la maîtrise de la reproduction et d'éducation à la sexualité. La stratégie de pression a donc réussi à les convaincre de rejoindre une position ouvertement anti-droits, alors qu'ils s'étaient engagés dans des réformes favorables aux droits des femmes.

L'argumentation utilisée par la déclaration fait écho aux stratégies adoptées par les mouvements anti-droits dans toutes les enceintes internationales. Selon ses signataires, la Déclaration de consensus de Genève s'inscrit pleinement dans le droit international en vigueur, qui aurait pour fondement « le respect pour toute vie humaine, née ou pas encore née ». Un argument fallacieux : si les conventions internationales reconnaissent évidemment le droit à toute vie d'être protégée, la notion de « vie » n'est jamais définie par rapport au moment de la conception ou de la naissance. Deux ans après l'adoption du consensus de Genève, deux nouveaux pays ont rejoint le groupe des pays signataires : le Guatemala – qui s'est autoproclamé « capitale pro-vie de l'Amérique latine » et a voté une loi punissant l'avortement de peines allant jusqu'à vingt-cinq ans de prison – et le Kazakhstan. Toutefois, d'autres gouvernements se sont retirés de la déclaration. L'élection de présidents progressistes aux États-Unis (Joe Biden en 2020), en Colombie (Gustavo Petro en 2022) et au Brésil (Lula en 2022) ont conduit ces trois pays à se désengager du consensus de Genève, portant un coup à la crédibilité du texte. Le retrait de la Colombie n'est pas seulement théorique : en février 2022, la Cour constitutionnelle colombienne a annoncé la dépénalisation de l'avortement jusqu'à vingt-quatre semaines – une avancée historique pour l'Amérique latine.

30.

Le Forum Génération Égalité : un remède au blocage ?

Dans ce contexte de régressions, comment faire avancer les droits des femmes ? ONU Femmes* organise tous les cinq ans une évaluation des progrès réalisés par les États dans la mise en œuvre de la plateforme d'action de Pékin. À l'origine, la communauté internationale devait renouveler la série de conférences mondiales pour les droits des femmes tous les cinq ans, après Mexico, Copenhague, Nairobi et Pékin. Mais d'autres priorités ont émergé : guerre contre le terrorisme, lutte contre le réchauffement climatique, crises sanitaires..., reléguant en partie les droits humains à l'arrière-plan. La communauté internationale a pu aussi succomber à l'illusion selon laquelle les droits des femmes étaient acquis définitivement. Pour ces multiples raisons, l'organisation de la cinquième conférence mondiale de l'ONU pour les femmes a été reportée *sine die*. Des événements ont certes été organisés au niveau local, régional et à New York entre 2000 et 2015, mais sans l'ambition des précédents sommets. Au demeurant, l'examen des progrès réalisés par chaque pays dans la mise en œuvre de la plateforme d'action de Pékin a abouti à la conclusion partagée que ces progrès étaient largement insuffisants.

Dans un contexte mondial du *backlash*, une cinquième conférence mondiale sur les droits des femmes aurait pu se révéler un échec cuisant. Les États conservateurs se seraient opposés systématiquement à toute avancée et auraient même pu profiter de la conférence pour revenir sur les acquis des conférences précédentes. C'est dans ce contexte qu'a émergé l'idée d'organiser une conférence multilatérale de nature différente. Les conférences de Mexico, Copenhague, Nairobi et Pékin découlaient d'un mandat de l'Assemblée générale de l'ONU* et impliquaient donc nécessairement la participation de tous ses États membres. Tout texte devait être agréé par l'ensemble des représentants. Le cadre formel des sommets officiels des Nations unies est à double tranchant : si les décisions prises ont la force du nombre (193 États) et la légitimité de l'unanimité, la règle du consensus limite substantiellement la marge de manœuvre des négociateurs. À cela s'ajoutait une troisième considération : en 2020, il était inconcevable que des États négocient des textes impactant la moitié de l'humanité sans associer les organisations de la société civile. La légitimité de décisions prises dans un cadre strictement inter-gouvernemental aurait été remise en question par les ONG qui ont l'expertise de terrain indispensable. Cette exigence d'implication de la société civile est devenue un élément central du renouvellement du système multilatéral.

Comment contourner la contrainte de l'unanimité ? ONU Femmes, dirigée par l'ancienne vice-présidente sud-africaine et proche de Nelson Mandela, Phumzile Mlambo-Ngcuka, proposa à plusieurs pays d'accueillir une conférence internationale en 2020, célébrant par la même occasion le 25e anniversaire de la conférence de Pékin. Le Mexique fut choisi en premier, en écho à la première conférence mondiale organisée à Mexico en 1975, et dans l'objectif de réunir Nord et Sud. Il fut ensuite décidé que deux pays, et non un seul, accueilleraient conjointement cet événement, symbolisant ainsi son caractère inclusif. La France, sous l'impulsion d'Emmanuel Macron, proposa de compléter le tandem avec le Mexique. Au printemps 2019, je fus nommée ambassadrice en charge de l'organisation de cette conférence mondiale par le président de la République.

Très rapidement, une série de consultations fut organisée auprès de l'ensemble des ONG féministes accréditées auprès des Nations unies pour réfléchir au format et au contenu de ce nouveau sommet. En lieu et place d'une déclaration finale qui aurait buté sur les blocages habituels, les organisateurs proposèrent la création d'une série de coalitions d'action composées de plusieurs types d'organisations. Les thématiques des six coalitions furent sélectionnées avec la société civile : « Lutte contre les violences basées sur le genre », « Justice et droits économiques », « Autonomie corporelle et droits et santé sexuels et reproductifs », « Action féministe pour la justice climatique », « Technologie et innovation au service de l'égalité de genre » et « Mouvements et leadership féministes ».

En théorie, tous les États pouvaient participer au Forum Génération Égalité, mais en pratique, un « ticket d'entrée » leur était demandé : pour adhérer à une coalition d'action, chaque pays devait annoncer un ou plusieurs engagements concrets et substantiels en faveur de la réduction des inégalités de genre. Ces engagements pouvaient être d'ordre législatif ou réglementaire (voter une nouvelle loi ou adopter une nouvelle réglementation), financier (augmenter le budget national dédié aux droits des femmes ou à une organisation féministe) ou programmatique (participation à un programme, un projet ou une initiative). Conditionner la participation d'un État à un processus de sélection, qui verrait immanquablement certains mauvais élèves être « retoqués » en raison de leur mauvais bilan en matière de droits des femmes, était scandaleux et illégitime aux yeux de certains gouvernements. À leurs yeux, ONU Femmes avait rompu avec le fonctionnement « démocratique » propre aux Nations unies, qui place tous les États sur un pied d'égalité. Et en effet, certains États conservateurs n'ont pas manqué de vilipender cette méthode qui les excluaient de facto. La mise en place du mécanisme de sélection à l'entrée avait pour corollaire d'éviter le parasitage de la conférence par des États ou des ONG qui auraient porté un agenda anti-droits, le jury faisant œuvre de garde-fou face à ces tentatives d'infiltration.

La participation des ONG semblait une évidence étant donné leur expertise et l'évolution du multilatéralisme vers un système plus inclusif. Moins évidente, la participation du secteur privé constituait une première. Cette catégorie comprenait d'une part les entreprises, principalement des multinationales ou grandes entreprises engagées de longue date pour l'égalité et d'autre part, les fondations philanthropiques, structures de droit privé à but non lucratif. Des entreprises comme Kering, Accor, PayPal et Microsoft ont pris des engagements dans diverses coalitions ; parmi les fondations philanthropiques, on retrouve les grandes organisations nord-américaines comme la fondation Bill & Melinda Gates, la fondation Ford ou encore la fondation Open Society.

31.

Les coalitions d'action, des initiatives concrètes pour l'égalité

Quels résultats concrets pour ces coalitions d'action ? À titre d'exemple, la France a choisi de rejoindre la coalition sur les droits et santé sexuels et reproductifs*. Ce positionnement est en cohérence avec le plaidoyer historique que la diplomatie française mène à l'ONU pour l'accès à la contraception et à l'avortement, et à la santé sexuelle et reproductive en général. Ce rôle de « porte-parole » des droits des femmes s'est traduit avec le Forum Génération Égalité par un engagement financier *via* son aide publique au développement*. Le programme UNFPA Supplies[1] recevra 90 millions d'euros du gouvernement français pour l'achat et la distribution de produits contraceptifs, distribués principalement sur le continent africain. La contribution française viendra aussi alimenter un projet innovant, l'Organisation pour le dialogue pour l'avortement sécurisé (ODAS). Porté par l'ONG Ipas, ce projet crée une plateforme de coordination régionale de tous les acteurs du droit à l'avortement en Afrique de l'Ouest francophone[2], qui met en lien le travail de tous ceux qui soutiennent le droit à l'avortement dans la région : gouvernements, prestataires de santé, réseaux de jeunes et ONG féministes. Elle met en lumière les conséquences des avortements à risque, combat la stigmatisation et diffuse des informations sur la santé reproductive.

Autre initiative soutenue, le Forum du partenariat mondial pour l'éducation complète à la sexualité lancé par l'Unesco et l'UNFPA, qui réunit 60 organisations sur cinq continents pour promouvoir l'éducation complète à la sexualité. Le Forum vise à combler le manque de formation des enseignants, à améliorer les programmes d'enseignement et à lutter contre les attitudes négatives du public et la désinformation à propos de l'ECS. Enfin, l'engagement financier de la France dans le cadre du Forum Génération Égalité comprend une nouvelle contribution de 50 millions d'euros au Fonds Muskoka[3] jusqu'en 2026, pour réduire la mortalité maternelle et infantile en Afrique de l'Ouest. Au total, c'est une contribution de 400 millions d'euros sur cinq ans qu'apporte la France aux DSSR dans le monde.

L'originalité et l'efficacité de ces projets tiennent dans leur caractère collaboratif et collectif. Dans le cadre de cette coalition, la France côtoie le gouvernement du Burkina Faso qui a réuni un groupe de pays voisins – Bénin, Guinée, Mali, Niger et Togo – pour qu'ils s'engagent ensemble pour la gratuité des soins pour les femmes enceintes et les enfants de moins de 5 ans et pour qu'ils adoptent de nouvelles mesures législatives contre les violences et les pratiques néfastes. Pour répondre aux besoins des 218 millions de femmes qui n'ont pas accès à un moyen de contraception moderne, la France a aussi noué un partenariat avec des fondations philanthropiques qui sont parmi les premiers financeurs d'achat de contraceptifs distribués par l'ONU sur le terrain, comme la Children's Investment Fund Foundation (fondation britannique) et la fondation Bill & Melinda Gates, aux côtés du Burkina Faso et du Nigéria. Un autre exemple intéressant de collaboration public-privé est celui de l'Alliance régionale pour la numérisation des femmes en Amérique latine et dans les Caraïbes. Cette alliance, composée du Chili, des entreprises Microsoft et Mastercard, d'ONU Femmes et d'une ONG argentine, a lancé Todas Conectadas, une plateforme de formation gratuite au numérique pour les femmes. Son objectif est de former 3,8 millions de femmes de la région en trois ans.

Sur un plan national, l'entreprise Kering a annoncé lors du Forum Génération Égalité le financement conjoint avec l'État de 15 structures d'accueil de femmes victimes de violences sur le modèle de la Maison des femmes de Saint-Denis – une structure unique en France, qui offre une prise en charge médicale, judiciaire, psychologique et culturelle aux victimes de violences.

D'autres gouvernements, du Nord comme du Sud, ont pris des engagements substantiels. Le Kenya a mis en place une stratégie nationale d'éradication des violences fondées sur le genre et des mutilations génitales féminines dotée d'un budget de 2,79 millions de dollars. Cette stratégie comprend par exemple l'intégration de 38 centres d'accueil des victimes de violences dans les établissements de santé du pays, la création d'un numéro gratuit d'urgence, la mise en place de 54 foyers d'hébergement et centres de secours dans 18 provinces et d'un fonds soutenu par des entreprises kényanes. Le gouvernement du Bangladesh s'est quant à lui engagé pour accroître la participation des femmes dans les start-ups du numérique et le commerce en ligne, avec un objectif de 25 % de femmes dans le secteur en 2026. Dans un autre secteur, celui du *care*[4], le Mexique a lancé une Alliance mondiale pour les soins, dans laquelle 39 pays s'engagent à mieux rémunérer les employés, majoritairement des femmes, dans le secteur des soins et des services à la personne. Le Canada contribue à hauteur de 100 millions de dollars à cette alliance. Les changements peuvent être législatifs : la présidente de la Géorgie a annoncé que son pays introduirait une nouvelle définition du viol dans le code pénal, qui irait au-delà des critères actuels encore restrictifs.

Au total, 40 milliards de dollars ont été promis par les participants, dont la moitié provient des gouvernements et un quart du secteur privé. Tous les continents sont représentés, malgré une faible participation des pays de l'Asie-Pacifique, compensée par un fort engagement de l'Amérique latine (Mexique, Chili, Uruguay, Colombie, Costa Rica) et de l'Afrique (Burkina Faso, Afrique du Sud, Malawi, Tunisie, Kenya...). Tous les domaines sont concernés : éducation, climat, économie, lutte contre les violences, technologies, santé, et même la culture et le sport. Ainsi la France est à l'initiative d'une Charte pour l'égalité dans les industries culturelles et créatives, signée par 76 organisations dans 23 pays : dans le domaine du cinéma, de la télévision, de la publicité, de l'audiovisuel et de la radio, des entreprises et des syndicats se sont engagés à lutter contre les stéréotypes de genre dégradants pour les femmes et à mieux prévenir et punir les violences sexuelles et sexistes. Dans le secteur de la santé, une initiative conjointe entre la France, l'OMS et l'ONG Women in Global Health fait collaborer les États et les acteurs privés du secteur pour améliorer la rémunération des femmes personnels de santé et leur accès aux postes de décision. La fondation Malala, créée par la jeune prix Nobel de la paix 2014 pakistanaise Malala Yousafzai, mobilise 20 millions de dollars pour financer et soutenir des activistes qui militent pour l'accès des filles à l'éducation.

Finalement, le Forum Génération Égalité se distingue par la très grande diversité des acteurs ayant participé aux coalitions : diversité de types d'organisations – publiques, privées, associatives –, de tailles – des plus grands États à des ONG locales –, d'origines géographiques – tous les continents sont représentés. Deux ans plus tard, en 2023, le nombre d'engagements a triplé et d'autres États, ONG ou entreprises ont rejoint la dynamique. Les résultats effectifs de tous ces engagements ne seront pas connus avant quelques années, la mise en œuvre de ces projets d'envergure mondiale étant souvent lente du fait de leur ampleur. Cette lenteur et la complexité des coalitions, qui brassent des dizaines d'organisations de tailles diverses, ont suscité des critiques de la société civile, qui souhaite que la redevabilité des engagements fasse l'objet d'un suivi plus précis et plus strict de la part d'ONU Femmes. Les 3 000 engagements pris sous la bannière de Génération Égalité sont publics, et leur réalisation devra être évaluée.

Mais la fragilité du Forum Génération Égalité ne tient pas seulement à la lourdeur d'une telle initiative globale. Les États qui mènent le *backlash* se sont rapidement organisés pour contester sa légitimité et empêcher toute référence à son existence dans le cadre de l'ONU. Ainsi, la Russie, l'Égypte, la Libye, le Nigéria, le Yémen et l'Arabie saoudite présentent systématiquement des amendements lors de la Commission de la condition de la femme* ou de l'Assemblée générale de l'ONU* pour supprimer toute mention du Forum et de ses résultats. Pourquoi ces États conservateurs sont-ils opposés à cette initiative ? D'abord en raison du message : le Forum Génération Égalité s'est positionné comme résolument féministe, intersectionnel, progressiste, engagé en faveur des droits LGBTQI, en pointe sur les droits et santé sexuels et reproductifs*. Les ONG qui y ont participé représentent toute la palette des féminismes actuels et n'hésitent pas à porter des revendications fortes, voire radicales, en demandant des comptes aux États. Les organisations de jeunes ont été encore plus bruyantes, allant jusqu'à critiquer les gouvernements les plus progressistes pour leur insuffisances. Tout l'écosystème des ONG de défense des droits humains était présent au Forum – un repoussoir pour les États autocratiques.

Ensuite, parce que donner un droit de vote aux ONG et au secteur privé et les placer sur un pied d'égalité avec les États était iconoclaste. Qu'une voie parallèle s'ouvre, plus inclusive, moins contrainte par la règle de l'unanimité et le « diplomatiquement correct », constituait pour certains un affront et une remise en cause. D'autant plus que lorsque certains États ont fait le choix d'ignorer le Forum Génération Égalité, des ONG de ces pays n'ont pas hésité à y participer, critiquant en retour l'absence de leurs gouvernements.

La force du Forum Génération Égalité tient donc à un positionnement géopolitique assumé : la nécessité de ne pas laisser le champ libre aux tenants du *backlash*, qui ont réussi à influencer le débat public en diffusant leurs idées réactionnaires et en gagnant du terrain politique et médiatique. C'est en outre un succès financier : la mobilisation de 40 milliards de dollars pour financer des actions en faveur de l'égalité de genre sur cinq ans est inédite, tant ce secteur est longtemps resté une préoccupation mineure des bailleurs internationaux.

32.

Financer les droits des femmes, un défi titanesque

44 % : c'est la part du total de l'aide publique au développement (APD*[1]) consacrée aux droits des femmes en 2020-2021, selon le rapport annuel de l'OCDE*. Ce chiffre, appelé « APD genrée » dans le jargon international, est scruté chaque année par les ONG féministes car il est révélateur de l'importance accordée à la promotion des droits des femmes à l'international par les États les plus riches. En apparence encourageant, il cache une réalité plus décevante. En effet, seuls 4 % de ces financements – sur les 44 % – concernent des projets dont l'objectif principal est de réduire les inégalités que subissent les femmes. Les 40 % restants portent sur des projets qui comprennent certes une dimension de lutte contre les inégalités, mais dont l'objectif principal est autre : accès à l'éducation, renforcement des systèmes de santé, aide alimentaire, préservation du climat et de la biodiversité, développement des infrastructures notamment énergétiques, etc. Ils comportent donc pour ainsi

dire un impact « collatéral » positif pour les femmes, sans qu'elles en soient les principales destinataires.

Au-delà de ce chiffre brut, il convient d'examiner les tendances. La part des financements de développement consacrée à l'égalité de genre a-t-elle augmenté ou décru au cours des dernières années ? Quels sont les pays qui occupent le haut du classement en matière d'APD « genrée » ? Quels sont les principaux pays récipiendaires ? À quels types d'actions vont servir ces financements ? Les rapports annuels de l'OCDE permettent de constater une progression constante de ce chiffre au cours des dix dernières années : entre 2010 et 2020, l'APD « genrée » a doublé en proportion de l'aide totale, mais elle s'est stabilisée pour la première fois en 2022. Quatre pays occupent le haut du classement : le Canada, les Pays-Bas, l'Irlande et l'Islande. Ces pays ont en effet une politique volontariste de financement de l'égalité de genre, qui constitue 80 % de leur aide totale vers les pays en développement[2]. La France se situe à la 13e place, avec un taux de 47 %. Le financement de l'APD genrée va principalement soutenir des programmes de lutte contre les violences fondées sur le genre et de santé sexuelle et reproductive. Environ un tiers de l'aide française destinée aux droits des femmes est distribué en Afrique et un autre tiers en Asie.

Le secteur du financement reflète également l'évolution du paysage géopolitique des droits des femmes.

Ainsi, le vecteur de financement « traditionnel » que constitue l'aide publique au développement bilatérale et multilatérale est considéré comme insuffisant pour répondre aux besoins en matière de lutte contre les inégalités de genre. Pour cette raison, de nouveaux acteurs issus du secteur privé ont émergé. Les fondations philanthropiques jouent aujourd'hui un rôle majeur. En 2017, 26 fondations nord-américaines et européennes divulguaient pour la première fois le montant de leur mécénat cumulé en faveur des droits des femmes : 1,2 milliard de dollars[3]. Certaines fondations nord-américaines sont devenues des acteurs incontournables du secteur, comme la fondation Bill & Melinda Gates, la fondation Susan Thompson Buffett, la fondation Hewlett ou encore la fondation Chanel.

L'accroissement des financements privés est à double tranchant. Si ces fondations viennent manifestement combler un déficit de financement, leur montée en puissance présente plusieurs types de risques. Un risque éthique, lorsque ces fondations ou entreprises se dotent d'un vernis féministe pour améliorer leur réputation et leur image. C'est ce qu'on appelle le « féminisme-washing », à l'instar du « greenwashing » pratiqué par des entreprises qui affichent des bonnes actions environnementales tout en continuant des activités polluantes. Un autre risque est celui de la dépendance. Certaines fondations, dotées d'un budget supérieur à des pays, ont fini par remplacer les gouvernements dans leur responsabilité de fournisseur de services publics. À titre d'exemple, la fondation Bill & Melinda Gates affichait en 2021 un budget total de 6,7 milliards de dollars, dont 90 millions consacrés à l'égalité de genre. Lors du Forum Génération Égalité, elle a annoncé un investissement de 2 milliards de dollars – soit, à elle seule, 5 % du total en volume des engagements. Avec une telle puissance financière, les grandes fondations philanthropiques sont devenues incontournables, au point d'arriver à une situation de quasi-privatisation des services publics. Cette dépendance induit une vulnérabilité de ces services essentiels : contrairement aux gouvernements, les fondations ne sont pas responsables vis-à-vis des électeurs mais seulement de leur conseil d'administration. Un changement d'orientation ou de priorités de ce dernier pourrait supprimer brutalement la fourniture de ces services pour des millions de personnes, sans mécanisme de redevabilité.

En moyenne, ces fondations investissent prioritairement dans la santé des femmes, en particulier la santé sexuelle et reproductive, l'autonomisation économique et l'accès à l'éducation. Les secteurs comme la lutte contre les violences fondées sur le genre et la participation des femmes à la transition environnementale sont moins financés car considérés comme de la compétence des États. Au Forum Génération Égalité, les trois quarts des 4,3 milliards de dollars annoncés par les fondations philanthropiques étaient consacrés aux droits et santé sexuels et reproductifs* et à l'autonomisation économique, contre moins de 5 % dévolus à la réduction des violences. Néanmoins les choses évoluent : en France, la fondation Kering a fondé en 2018 le premier réseau européen de fondations et d'entreprises qui s'engagent dans la lutte contre les violences domestiques, One in Three Women[4]. Ce nom fait référence au nombre de femmes qui ont été victimes de violences dans le monde : une femme sur trois, selon les Nations unies. L'engagement du secteur privé témoigne d'une prise de conscience progressive de la porosité entre sphère privée et sphère professionnelle et du rôle que peuvent jouer les employeurs pour aider les victimes : en 2019, « deux salariées sur dix déclaraient subir ou avoir subi des violences conjugales avec des conséquences sur leur vie professionnelle[5] ».

En France toujours, des fondations comme la fondation RAJA se sont spécialisées dans le financement de projets environnementaux portés par des femmes dans les pays du Sud. Cette fondation soutient par exemple des groupes d'entraide de femmes agricultrices dans les zones rurales d'Inde du Sud[6] qui sont formées à la rénovation de réservoirs pour une gestion durable de l'eau et à des techniques de cultures forestières et maraîchères respectueuses de l'environnement. Ces projets permettent à la fois d'apporter un revenu économique à ces femmes, issues de castes marginalisées et vivant sous le seuil de pauvreté, de les autonomiser et de promouvoir des techniques agroécologiques.

33.

Les nouveaux acteurs du financement de l'égalité de genre

Depuis quelques années, les acteurs de la finance privée commencent à investir le champ des droits des femmes. Le déficit de financement des Objectifs de développement durable (ODD*) est tel que de nouveaux outils de financement ont été créés, calqués sur les produits traditionnels des marchés financiers. Ainsi la « finance durable » vise à mobiliser des flux de capitaux pour contribuer à la réalisation des ODD. Les *social impact bonds* ou *social bonds* (contrats à impact social ou obligations sociales) sont des obligations financières émises par l'État ou le secteur public auprès d'acteurs privés afin de financer des projets d'innovation sociale. La sous-catégorie des *gender bonds* (obligations à impact de genre), qui s'inscrit dans la dynamique du *gender impact investing* ou *gender lens investing* est apparue en 2013. Selon ONU Femmes, moins de 80 obligations à impact de genre ont été émises en dix ans[1]. Celles-ci sont émises par les institutions financières internationales et des acteurs de la finance privée pour financer des projets ayant un impact positif sur l'égalité de genre et résultent de partenariats public-privé. L'UNFPA et la Banque islamique de développement ont par exemple émis une obligation à impact de genre pour investir dans la santé des adolescentes en Jordanie.

Ces nouveaux outils de financement issus du monde de la finance ne sont pas exempts de critiques[2]. En effet, ils ne sont pas encore encadrés par des standards d'évaluation mondiaux : il n'existe pas de critère universel pour déterminer ce qu'est un *gender bond* ou du *gender impact investing*, ni d'évaluation et de surveillance par des organes de régulation reconnus. Chaque investisseur est libre de définir ses propres objectifs en la matière, malgré des efforts d'homogénéisation et d'encadrement de l'écosystème par ONU Femmes[3]. La société civile féministe alerte quant au risque de féminisme-washing : investir dans une entreprise qui s'engage à augmenter le pourcentage de femmes dans ses effectifs n'est pas suffisant pour faire avancer l'égalité réelle. De surcroît, ces outils sont utilisés en très grande majorité par des fonds d'investissement de pays du Nord pour investir dans des entreprises des mêmes pays : les besoins les plus urgents et basiques, qui se trouvent dans les pays du Sud, ne sont pas visés par ce type d'outils financiers. Cette tendance à la financiarisation de la cause féministe peut également créer une situation où les pouvoirs publics se sentiraient délestés de leur responsabilité d'investir dans les droits des femmes en se déchargeant sur les financements privés.

Historiquement, les ONG féministes sont très éloignées des circuits habituels des acteurs du financement international : elles reposent en grande partie voire en totalité sur du bénévolat (et sont donc peu professionnalisées) et elles gèrent des budgets de taille modeste – 30 000 dollars pour le budget annuel moyen d'une ONG féministe basée dans un pays du Sud[4]. Les bailleurs internationaux, c'est-à-dire les États, les organisations internationales, les banques de développement nationales et régionales et les banques publiques d'investissement, sont des structures de taille colossale dont les subventions sont souvent de l'ordre de centaines de milliers de dollars. Les ONG féministes n'ont pas la capacité d'absorber ces subventions, ni la main-d'œuvre pour remplir les dossiers de candidature et les procédures de *reporting*, connus pour leur lourdeur et leur complexité. Pour cette raison, elles sont notoirement sous-financées : en 2020-2021, elles ont reçu 574 millions de dollars en aide publique au développement – soit l'équivalent de 1 % seulement de la totalité de l'aide dédiée à l'égalité de genre.

C'est la raison de l'émergence des *women's funds*, les fonds féministes. Ces nouveaux acteurs du financement se situent aux antipodes des grands fonds d'investissement nord-américains ou européens : ce sont des structures locales, le plus souvent dans des pays du Sud, créées et autogérées par des militantes féministes. Pour autant, leur ambition est de nature profonde : redonner le pouvoir aux féministes de terrain en leur assurant non seulement des revenus à la hauteur de leurs besoins, mais aussi la maîtrise de leurs financements. Ces fonds féministes se distinguent des organisations multilatérales, des États ou même des grandes ONG en ce qu'elles ne gèrent aucun programme ou ne délivrent aucun service. Leur seul mandat est de mobiliser des ressources financières et les distribuer aux associations locales de manière efficace, y compris dans des contextes de crise humanitaire et d'urgence. Contrairement aux bailleurs internationaux, qui distribuent de l'argent sur la base de programmes spécifiques et sur une durée limitée, avec un cahier des charges précis et strict, les financements des fonds féministes sont à la fois flexibles (ils peuvent être réutilisés d'un projet à l'autre, en fonction des besoins et des urgences), orientés vers les dépenses de fonctionnement (salaires, infrastructures, etc., qui sont la base de la survie des associations) et de long terme. Les destinataires des fonds sont obligatoirement des associations dirigées par des femmes et dont la mission principale est d'aider des femmes.

Le plus grand de ces fonds, le Global Fund for Women, a financé directement plus de 5 000 ONG de terrain dans 175 pays en une trentaine d'années ; son budget annuel n'était pourtant « que » de 20 millions de dollars – un chiffre minuscule par rapport aux montants de l'aide publique au développement ou des *gender bonds* cités précédemment (respectivement 57 milliards et 5 milliards de dollars en 2020). La plupart des fonds féministes sont localisés sur un continent ou un sous-continent. Basée au Togo, la fondation XOESE pour les femmes francophones distribue des fonds dans une douzaine de pays francophones d'Afrique de l'Ouest et centrale, ainsi qu'à Haïti et en Nouvelle-Calédonie. Le Fonds des femmes en Méditerranée et l'African Women's Development Fund sont devenus des soutiens incontournables des associations de terrain du pourtour de la Méditerranée et du continent africain. D'autres fonds se sont spécialisés sur des catégories de femmes spécifiques. FRIDA est le seul fonds exclusivement dédié à des jeunes féministes, le International Indigenous Women's Fund soutient des ONG de femmes autochtones dans le monde et la Astraea Lesbian Foundation For Justice vient en aide aux associations LGBT dans les pays du Sud. Enfin, le Urgent Action Fund For Women's Human Rights est la seule structure capable d'intervenir dans des contextes humanitaires d'urgence en soutien à des associations féministes. Avec des subventions maximales de 8 000 dollars, elle est en capacité de répondre à des demandes émanant de petites associations de terrain dans les soixante-douze heures, dans toutes les langues, et de transférer des fonds dans un délai d'un à sept jours. Elle opère en Asie centrale, au Moyen-Orient, dans le Caucase, en Russie, en Turquie et ailleurs.

Selon l'ONU, le besoin en financement pour atteindre tous les Objectifs de développement durable (ODD*) s'élève à 4 000 milliards de dollars par an[5] – un besoin loin d'être satisfait à l'heure actuelle. Il n'existe pas de données disponibles sur le besoin en financement spécifique de l'ODD n° 5 qui porte sur l'égalité de genre, mais nul ne peut ignorer le retard considérable que la communauté internationale a pris, tous États confondus, en la matière. Selon le Forum économique mondial de Davos, pour résorber toutes les inégalités entre femmes et hommes, il faudrait attendre cent cinquante et un ans au rythme actuel[6]. Or les rapports et études sont de plus en plus nombreux à démontrer, inversement, que résorber les inégalités de genre apporterait une contribution déterminante au développement économique et au bien-être des sociétés. Investir dans l'égalité, en d'autres termes, revient à investir efficacement dans l'avenir.

Une étude de McKinsey de 2015 estime que l'autonomisation pleine et entière de toutes les femmes dans le monde pourrait conduire à une augmentation du PIB mondial entre 12 000 à 28 000 milliards de dollars[7]. Les inégalités professionnelles (inégalités salariales, « plafond de verre », limitations d'accès aux ressources économiques comme la propriété, le droit de créer ou diriger une entreprise, la possession d'un compte bancaire) pèsent lourdement et durablement sur les économies. Les restrictions d'accès à l'éducation des filles également : les pays émergents pourraient augmenter leur PIB de 10 % si 100 % des filles avaient accès à l'éducation primaire et secondaire[8]. Investir dans les droits des femmes aurait également un impact résolument positif sur la protection de la planète. Ainsi, si toutes les femmes et filles bénéficiaient d'une éducation complète, et si elles pouvaient choisir librement d'avoir des enfants ou pas, les émissions de CO_2 pourraient être réduites de 70 gigatonnes d'ici 2050, d'après une étude publiée en 2020[9]. Les études démontrant l'intérêt d'investir dans l'autonomisation des femmes et des filles s'égrènent au fil des années, et pourtant le financement de l'égalité de genre reste encore le parent pauvre des objectifs de développement durable.

Conclusion

Le 30 juin 2021, dans la grande salle du Carrousel du Louvre, deux cents personnalités de haut niveau venues du monde entier sont réunies à l'occasion du Forum Génération Égalité. Dans la salle, Emmanuel Macron côtoie Antonio Guterres, secrétaire général des Nations unies, Charles Michel, président du Conseil européen, et Sanna Marin, Première ministre finlandaise. On trouve également Melinda Gates, directrice de la fondation Bill & Melinda Gates, Nadia Murad et Denis Mukwege, co-prix Nobel de la paix 2018, Uhuru Kenyatta, président du Kenya ou encore François-Henri Pinault, PDG de Kering. En visioconférence apparaissent sur les écrans Kamala Harris, vice-présidente des États-Unis, Justin Trudeau, Premier ministre du Canada, Ursula Von der Leyen, présidente de la Commission européenne, et Angela Merkel, chancelière allemande.

Sur scène, deux femmes dialoguent. L'une est Hillary Clinton, 74 ans, ancienne secrétaire d'État américaine et candidate à l'élection présidentielle. L'autre s'appelle Julieta Martinez. Elle a 17 ans seulement et vient du Chili. Julieta a fondé Tremendas, une plateforme qui permet de connecter les jeunes filles engagées dans la lutte contre le réchauffement climatique dans toute l'Amérique latine et les Caraïbes. Elle a également créé la première académie du continent latino-américain qui forme les jeunes à la lutte contre le réchauffement climatique, tout en intégrant les inégalités de genre. La jeune Chilienne a commencé à militer dans *Youth for Climate*, le mouvement de la jeunesse mondiale lancé par Greta Thunberg.

Hillary Clinton n'est pas seulement la femme politique mondialement connue et l'ex-première dame des États-Unis. Elle est aussi une icône de l'histoire internationale des droits des femmes, celle qui a prononcé à la conférence de Pékin cette phrase devenue historique : « *Human rights are women's rights and women's rights are human rights.* »

Vingt-six ans plus tard, elle se retrouve de nouveau sur scène, en duo avec Julieta, devant 40 000 personnes qui regardent la retransmission en direct de la cérémonie d'ouverture du Forum Génération Égalité. Debout l'une face à l'autre, sans pupitres ni notes, les deux femmes discutent et partagent leur vision du combat pour l'égalité de genre. Julieta Martinez martèle un message simple : les jeunes filles qui se battent partout et chaque jour dans le monde pour leurs droits et leur dignité « veulent et peuvent faire partie du changement ». Ces jeunes femmes, dit la jeune Chilienne dans un anglais hésitant, « se sentent seules » : elles ont besoin des outils et des mécanismes pour être assises à la table des décideurs. Elles sont la clé du progrès.

Assise dans la salle, spectatrice de cet événement que j'ai eu la charge d'organiser pendant deux ans, je regarde ces deux mondes se parler et réalise la portée historique de cette scène. La différence entre Hillary Clinton et Julieta Martinez n'est pas seulement générationnelle, ni géographique. Elle est de nature plus profonde. Hillary Clinton incarne les institutions : candidate, élue, femme politique du pays le plus puissant au monde, elle est une femme de pouvoir qui a gravi les rangs des institutions les plus prestigieuses. En face d'elle, Julieta Martinez est une jeune activiste d'un petit pays du Sud*, de cette génération qui manifeste, réclame des comptes et demande des actes concrets et immédiats à ceux qui détiennent le pouvoir. Son pouvoir à elle réside dans sa capacité à mobiliser des centaines ou des milliers de jeunes autour d'une cause qui dépasse les frontières.

La présence côte à côte de ces deux femmes nées à soixante ans d'intervalle comporte une dimension symbolique incontestable. Elle témoigne d'abord du caractère universel des luttes féministes, qui transcendent les générations, les origines, les classes sociales. Mais la portée de l'événement va au-delà de ce message universaliste. La participation de tant de personnalités politiques de premier plan au Forum Génération Égalité traduit une évidence : le combat pour les droits des femmes doit être traité comme une urgence de premier plan, une crise nationale et internationale, une « pandémie de l'ombre ». Il s'agit aussi de montrer que ce combat ne peut faire l'économie d'un travail collectif où se rejoignent gouvernements, organisations internationales, ONG et autres acteurs de la société civile, pour faire avancer l'égalité de manière concrète.

Ce combat quotidien peut s'avérer décourageant. Selon ONU Femmes[1], il faudra encore 286 ans avant que toutes les discriminations légales envers les femmes soient supprimées des cadres juridiques nationaux, 140 ans pour que les femmes soient aussi nombreuses que les hommes dans les postes à décision et au moins 40 ans pour que tous les parlements du monde soient paritaires. Environ 383 millions de femmes vivaient dans l'extrême pauvreté en 2022 et 130 millions de filles ne vont pas à l'école – dont plus de la moitié qui vivent dans des pays en conflit. Les crises environnementales, économiques et sécuritaires ont fait reculer la perspective d'une véritable égalité économique et sociale. Les femmes ne représentent que deux emplois sur dix dans les sciences, l'ingénierie et les technologies de l'information et de la communication, au niveau mondial.

L'impact de la pandémie de Covid-19 est également considérable : en 2020, les femmes ont consacré 512 milliards d'heures à s'occuper des tâches domestiques et à prodiguer des soins non rémunérés, du fait de la fermeture des crèches et des écoles. D'ici 2030, on prévoit une augmentation de 2 millions de mutilations génitales féminines liées à la pandémie. Les cas de violences domestiques ou conjugales ont augmenté d'un tiers en moyenne dans le monde. Les femmes sont deux fois plus nombreuses que les hommes à avoir perdu leur emploi en raison de la pandémie, et elles sont surreprésentées dans trois des quatre secteurs économiques les plus impactés par la crise sanitaire[2]. Les conséquences de la pandémie sont non seulement profondes, mais il faudra des décennies pour les compenser.

J'ai écrit ce livre pour informer, sensibiliser et lever le voile sur les dangers qui pèsent sur les droits des femmes sur la scène internationale, mais aussi pour rappeler que les progrès sont possibles. En mettant en lumière quelques exemples de projets collectifs, de personnalités et d'organisations qui font bouger les lignes, je veux affirmer que ce combat n'est pas perdu, mais qu'il nécessite une vigilance et une pugnacité de tous les instants. Cette pugnacité, c'est celle de millions de militantes – et de militants – féministes qui consacrent toute leur énergie à cette cause, parfois jusqu'à en perdre la vie. Quelques-unes d'entre elles sont présentées dans ce livre, mais elles sont des millions d'anonymes à s'engager dans les ONG, les associations, les fédérations et les mouvements de toutes sortes pour défendre leurs droits face aux attaques et au patriarcat. À leurs côtés se trouvent des diplomates de nombreux pays qui déploient des efforts inlassables au quotidien pour faire respecter les droits des femmes et les droits humains, parce qu'il s'agit d'une priorité de leur pays mais aussi d'une conviction personnelle. La jeune génération de diplomates qui a grandi dans le monde post-#MeToo et qui considère l'égalité de genre comme une évidence jouera un rôle de premier plan pour mener cette bataille. Ensemble, ils incarnent la diplomatie féministe, ce « sport de combat » pour lequel ils consacrent toutes leurs forces sur la scène internationale.

Chaque citoyenne, chaque citoyen peut prendre part à ce combat de longue haleine. D'abord en faisant vivre l'égalité de genre au quotidien, à notre niveau, dans nos familles, nos cercles amicaux, auprès de nos employeurs, en dénonçant le harcèlement et les agressions sexuelles, en réclamant l'égalité professionnelle et salariale, en pointant les manifestations du sexisme ordinaire, en refusant les assignations et les injonctions faites aux femmes : rester à sa place, ne pas parler fort, ne pas réclamer davantage, être belle mais pas trop… Ensuite en s'engageant dans une association ou en la soutenant financièrement, en participant aux manifestations féministes, en soutenant les revendications à l'échelle locale, nationale ou internationale pour refuser que les droits des femmes passent au second plan des priorités politiques. Enfin, en en parlant autour de soi, en s'informant et en informant les autres. Car rien ne nuit plus au combat pour l'égalité que le discours qui consiste à dire : « Nous en avons fait assez » ou « cela ne me concerne pas ». Le droit à disposer de son corps n'est acquis nulle part, et l'exemple américain en a été un terrible révélateur. Les retours en arrière sont toujours possibles et, pour agir, il faut être informé.

Ce combat est d'abord un combat de femmes pour les femmes, porté par des générations de jeunes filles, de femmes, de mères, de grands-mères qui réclament leurs droits. Mais il ne pourra être gagné sans que les sociétés toutes entières entament une autre révolution – celle des hommes. Des stéréotypes aux violences, en passant par le déni fait aux femmes d'être actrices de leur propre vie et maîtresses de leur corps, le continuum de la domination des hommes sur les femmes naît d'une masculinité « toxique ». Celle-ci impose aux hommes de se conformer eux aussi à des attentes sociétales par rapport à la virilité et ce que constitue le fait d'être homme : être fort, jouer les durs, cacher ses faiblesses ou sa peur, ne pas exprimer d'émotion, dominer les femmes. L'éducation des garçons et le travail sur la masculinité nous concernent toutes et surtout tous.

Pour ma part, je suis convaincue qu'il n'y a pas de fatalité, mais que nous devons prendre la mesure de l'urgence. Les générations de femmes et de féministes avant moi se sont battues et ont obtenu de haute lutte leurs droits, face à des forces – sociales, économiques, religieuses, culturelles – bien mieux armées qu'elles. Si la situation des femmes en 2023 n'a rien à voir avec celle des femmes en 1923, de nouveaux risques émergent. Je pense notamment à la révolution numérique, qui a le potentiel d'être un formidable facteur de promotion, de visibilité, de montée en puissance des femmes, mais qui pour l'instant n'a fait qu'exacerber les inégalités de façon criante. Cette nouvelle frontière, celle de l'égalité dans l'espace numérique, commence juste à être défrichée par les pouvoirs publics. Les chiffres sont alarmants : en France, les femmes représentent seulement 23 % des effectifs des métiers du numérique. Dans le monde, elles ne comptent que pour 35 % des étudiantes dans les filières STEM (science, technologie, ingénierie et mathématiques), 22 % des personnes travaillant sur l'intelligence artificielle et moins d'un tiers des employés du secteur des hautes technologies. L'espace numérique prolonge et amplifie les inégalités, mais aussi les violences fondées sur le genre. Selon une étude de 2018, entre 16 et 58 % des femmes dans le monde sont ou ont été victimes de violences en ligne[3]. La plupart des adolescentes déclarent avoir été victimes de harcèlement sur les réseaux sociaux entre 14 et 16 ans. 73 % des femmes journalistes ont été la cible d'attaques et de violences en ligne[4]. Dans un monde façonné par la technologie, alors que nos vies et nos comportements sont de plus en plus modelés par notre présence en ligne, il est urgent de porter la lutte pour les droits des femmes dans l'environnement numérique et de prendre les mesures nécessaires pour assurer leur présence dans le secteur des hautes technologies, tout en leur permettant de participer à la vie démocratique sur Internet sans crainte d'être harcelées ou menacées.

En 2023 et dans les années et les décennies à venir, dans le monde physique comme dans l'environnement numérique, il faudra continuer de se battre pour remporter ce combat : celui de la liberté des femmes.

Notes

Notes de l'introduction, p. 15

1. Résolution 66/290 adoptée par l'Assemblée générale des Nations unies le 10 septembre 2012.
2. *Rapport mondial 2023*, Human Rights Watch.

Notes du chapitre 2, p. 31

1. En France, Olympe de Gouges a publié en 1791 la Déclaration des droits de la femme et de la citoyenne, qui entend compléter la Déclaration des droits de l'Homme et du citoyen de 1789, qui fait uniquement référence aux hommes.
2. La Charte des Nations unies, adoptée en 1945, stipule que l'organisation favorisera « le respect universel et effectif des droits de l'Homme et des libertés fondamentales pour tous, sans distinction de race, de sexe, de langue ou de religion ».
3. « Les femmes qui ont façonné la Déclaration », site des Nations unies, page dédiée à la Journée des droits de l'Homme du 10 décembre.
4. « Les États parties au présent Pacte s'engagent à assurer le droit égal qu'ont l'homme et la femme au bénéfice de tous les droits économiques, sociaux et culturels qui sont énumérés dans le présent Pacte. » Article 3 du Pacte international relatif aux droits économiques, sociaux et culturels, adopté le 16 décembre 1966.
5. *Reservations to the Convention on the Elimination of All Forms of Discrimination against Women. Weakening the protection of women from violence in the Middle East and North Africa region*, rapport d'Amnesty International, 2004.

Note du chapitre 4, p. 42

1. Tanya Nathan, « Perspective on the NGO Forum on Women – Huairou, China, 1995 », *UCLA Women's Law Journal*, vol. 6 (1), 1995.

Notes du chapitre 6, p. 52

1. Susan Faludi, *Backlash. La Guerre froide contre les femmes*, Paris, Éditions des femmes-Antoinette Fouque, 1993.

2. *Four reasons why Poland's war on abortion should scare you*, Forum parlementaire européen pour les droits sexuels et reproductifs, 3 février 2021.

3. « La partie émergée de l'iceberg. Des financements issus de l'extrémisme religieux visent à faire reculer les droits humains en matière de santé sexuelle et reproductive en Europe. 2009-2018 », rapport du Forum parlementaire européen pour les droits et santé sexuels et reproductifs, juin 2021.

4. Odanga Madung, *Exporting Disinformation: How Foreign Groups Peddle Influence in Kenya through Twitter*, fondation Mozilla, septembre 2021.

5. Josephine Chinele, « US Catholics funded Malawi opponents of legal abortion in cases of rape », OpenDemocracy.net, 30 mars 2021.

Notes du chapitre 7, p. 61

1. De nombreux exemples de ce tour du monde sont issus du rapport de la Fondation Jean-Jaurès et de l'ONG Equipop, publié en février 2023 et rédigé par Amandine Clavaud, Lucie Daniel, Clara Deleudre et Lola Lou-Zeller, intitulé *Droits des femmes : combattre le backlash*.

2. Le masculinisme est un courant idéologique et un mouvement social antiféministe qui rejette la quête de l'égalité de genre et estime que la « domination » des femmes dans la société d'aujourd'hui discrimine les hommes. À l'inverse, les mouvements masculinistes prônent ouvertement un retour à la domination masculine. Ces réseaux sont de plus en plus agressifs et organisent des « raids » et des attaques concertées en ligne contre des personnalités féminines et féministes.

3. La Corée du Sud est le pays de l'OCDE où les inégalités salariales sont les plus fortes depuis vingt-cinq ans, les femmes étant payées environ un tiers moins que les hommes.

4. Sondage publié à l'occasion de la Journée internationale des droits des femmes 2023, commandé par le Global Institute for Women's Leadership et le King's College et réalisé dans 32 pays.

5. Amy Gunia, « How South Korea's Yoon Suk-yeol Capitalized on Anti-Feminist Backlash to Win the Presidency », *Time*, 10 mars 2022.

6. « How Orban's government funds ultra-conservative NGO's agenda », Vsquare, 7 mai 2021.

7. « Italy election: Activists raise alarm over abortion rights after Meloni's win », Euronews, 28 septembre 2022.

8. Le pourcentage de femmes diplômées d'université est passé de 7,6 % en 2008 à 19,9 % en 2020, selon l'Institut statistique de Turquie. « Official

figures show rise in female university graduates », *Hürriyet Daily News*, 6 mars 2022.

9. Fariba Nawa, « Conservative Muslim Women Helped Erdoğan Win Previous Elections. Now Some Are Turning Against Him », *Time*, 11 mai 2023.

10. « Erdoğan slams LGBT, students after protests », france24.com, 3 février 2021.

11. Didem Tali, « On se battra jusqu'au bout », newsletter *Impact*, 24 avril 2023.

12. « New government has so far appointed zero women as ministry directors general », *The Times of Israel*, 6 février 2023.

13. Andrea Petö, « Why Gender Will Be a Key Battleground in Israel's Fight Against the Illiberal State », *Haaretz*, 9 janvier 2023.

14. « Israel's New Government Agrees Not to Sign Istanbul Convention on Violence Against Women », *Haaretz*, 26 décembre 2022.

15. L'Institut Guttmacher estime que jusqu'à 26 États pourraient interdire l'avortement à terme, mesure qui toucherait ainsi plus de la moitié des femmes américaines.

16. *58% of U.S. women of reproductive age – 40 million women – live in states hostile to abortion rights*, Institut Guttmacher, 26 octobre 2021.

17. Violette Pottié, *Roe vs Wade : un tournant décisif au niveau mondial ?*, Institut du Genre en Géopolitique. 2 juillet 2022.

18. Coumba Kane, « En Afrique, les militantes de l'accès à l'IVG s'inquiètent des répercussions de l'abrogation de l'arrêt Roe vs Wade », *Le Monde Afrique*, 29 juin 2022.

Note du chapitre 8, p. 73

1. *Sweden's Foreign Minister Explains Feminist Foreign Policy. Margot Wallström and Colleagues Face "The Giggling Factor"*, United States Institute of Peace, 9 février 2015.

Notes du chapitre 9, p. 81

1. The Gender Security Project, 1er février 2021.

2. « Spearheading Security: Interview with Swedish Foreign Minister Ann Linde », *Harvard International Review*, 12 avril 2021.

3. Merlyn Thomas, « Sweden ditches "feminist foreign policy" », *BBC*, 19 octobre 2022.

Notes du chapitre 10, p. 88

1. Albertine Ondo, « Une cellule "Diplomatie Femmes" créée au sein de l'ambassade du Gabon en France », *La Libreville*, 9 mars 2021.

2. Voir chapitre 23, p. 165.

3. *Advances for gender equality in* COP25, WEDO, 13 décembre 2019.

Notes du chapitre 11, p. 94

1. *Prêts aux entrepreneuses en Afrique : le cap du milliard de dollars d'investissements franchi pour AFAWA*, site de la Banque africaine de développement, 31 janvier 2023.

2. Angélina Vasudeva, Mathieu Roger-Lacan, Lucie Mielle, « Il n'est pas improbable qu'une guerre civile voie de nouveau le jour en Afghanistan », une conversation avec Anarkali Honaryar, *Le Grand Continent*, 14 août 2022.

3. Les primo-nominations concernent les personnes qui sont nommées pour la première fois sur un poste d'encadrement ou d'ambassadeur (un chiffre distinct du pourcentage global d'ambassadeurs, qui comprend des personnes qui ont déjà occupé un poste équivalent dans le passé). La loi Sauvadet du 12 mars 2012 fixe un quota de 40 % de primo-nominations de femmes aux postes d'encadrement supérieur dans la fonction publique.

Notes du chapitre 12, p. 100

1. Pendant la pandémie de la Covid-19, le secrétaire général de l'ONU, Antonio Guterres, a alerté la communauté internationale sur « la pandémie de l'ombre » (*the shadow pandemic*), qui faisait rage en coulisses de la crise sanitaire : l'augmentation exponentielle des violences fondées sur le genre, dans le contexte de confinement et d'interruption d'accès aux services de santé et de justice.

2. Françoise Héritier, *La Plus Belle Histoire des femmes*, Paris, Seuil, 2011.

3. Françoise Héritier, *Masculin/Féminin*, Paris, Odile Jacob, 1996.

4. *Impact of COVID-19 on Family Planning: What we know one year into the pandemic*, UNFPA, note technique, 11 mars 2021.

5. Déclaration du Dr. Natalia Kanem, directrice exécutive de l'UNFPA, et de Henrietta Fore, directrice exécutive d'Unicef, à l'occasion de la Journée internationale de tolérance zéro à l'égard des mutilations génitales féminines.

6. *Ukraine and Refugee Response Crisis: UNFPA Appeal 2023*, 21 décembre 2022.

7. *Priorité de l'Agenda pour le développement post-2015*, Groupe de travail de haut niveau pour la CIPD, 2013.

8. Voir chapitre 28.

Notes du chapitre 13, p. 106

1. Données issues de l'Observatoire pour l'égalité de genre de la Commission économique pour l'Amérique latine et les Caraïbes des Nations unies.

2. *El Salvador: Court Hears Case on Total Abortion Ban,* Human Rights Watch, 23 mars 2023.

3. Hélène Bienvenu, « En Pologne, les ravages des restrictions d'accès à l'IVG », *Le Monde,* 8 janvier 2023.

4. « Pologne : la condamnation d'une militante pour avoir aidé une femme à avorter offre un "aperçu effrayant" de l'avenir », Amnesty International, 14 mars 2023.

5. Protocole de Maputo à la Charte africaine des droits de l'Homme, adopté le 11 juillet 2003 et entré en vigueur le 25 novembre 2005. 49 États ont signé le Protocole et 42 États l'ont ratifié.

6. Nadia Khomami, « "Abortion drone" to fly pills across border into Poland », *The Guardian,* 24 juin 2015.

Notes du chapitre 14, p. 115

1. « Comprendre l'imperceptible : agir pour résoudre la crise oubliée des grossesses non intentionnelles », État de la population mondiale 2022, UNPFA, 30 mars 2022.

2. *Id.*

3. *Id.*

4. *Adding It Up: Investing in Sexual and Reproductive Health,* Rapport annuel de l'Institut Guttmacher, 2017.

5. Bénin, Burkina Faso, Côte d'Ivoire, Guinée, Mali, Niger, République démocratique du Congo, Sénégal, Tchad, Togo.

6. « 10 ans du Fonds Français Muskoka, 2010-2020 », rapport du Fonds Français Muskoka, 2020.

7. Plaquette de présentation de *C'est la vie.*

8. « Eighty per cent of FGM cases happen in Africa », *Reliefweb,* 24 février 2021.

9. Chiffres de l'Organisation mondiale de la santé.

10. Résolution 67/146 de l'Assemblée générale des Nations unies, adoptée le 20 décembre 2012.

Note du chapitre 15, p. 123

1. *Principes directeurs internationaux sur l'éducation à la sexualité,* Unesco, 2018.

Note du chapitre 17, p. 131

1. *Pray the Devil Back to Hell*, réalisé par Gini Reticker, 2008. Le film a obtenu le prix du Meilleur Documentaire au Festival du film de Tribeca.

Notes du chapitre 18, p. 135

1. Emma Rinaudo-Dome, « Le rôle des femmes dans la guerre civile colombienne », Institut du Genre en Géopolitique, 12 juillet 2020.

2. Camille Boutron, « Faire entendre sa voix : solidarités combattantes et interventions féministes dans le processus de paix colombien », *Négociations*, 2020/2 (n° 34), p. 63-78.

3. Catalina Ruiz-Navarro, « A feminist peace in Colombia ? The inclusion of a gender perspective in Colombia's peace agreement: past, present, and future », *Reliefweb*, 15 février 2019.

Notes du chapitre 19, p. 139

1. *Women's Participation in Peace Processes*, Council on Foreign Relations.

2. *Uniformed women in peace operations*, infographie du Département des opérations de maintien de la paix des Nations unies, décembre 2021.

3. Jana Krause, Werner Krause & Piia Bränfors, « Women's Participation in Peace Negotiations and the Durability of Peace », *International Interactions*, 44:6, p. 985-1016.

Notes du chapitre 20, p. 145

1. Déclaration de Rasha Jarhum lors de la réunion ouverte selon la formule Arria du Conseil de sécurité des Nations unies, 8 mars 2021.

2. *Libyan Women Break the Silence*, Women's International League for Peace and Freedom, 10 octobre 2018.

3. Sarah Zeines, « Women's Rights Held Hostage in Libya », *The Geneva Observer*, 13 mai 2021.

Notes du chapitre 22, p. 157

1. Chiffres de l'Organisation des Nations unies pour l'alimentation et l'agriculture (FAO).

2. *COP24, de la politique à l'action : intégrer la dimension du genre dans les plans d'action nationaux contre le changement climatique en Afrique*, Banque africaine de développement, 10 décembre 2018.

3. *Changement climatique 2007 : impacts, adaptation et vulnérabilité*, rapport du Groupe de travail II du GIEC, 2007.

4. *The Tsunami's Impact on Women*, Oxfam Briefing Note, mars 2005.

5. Rapport de l'Évaluation conjointe post-Nargis (*Post-Nargis Joint Assessment, PONJA*) menée par le groupe de travail tripartite formé par le gouvernement du Myanmar, les Nations unies et l'ASEAN en mai 2008.

6. Lauren Wolfe, « Climate Disasters Kill the Most Vulnerable », *Women's Media Center*, 13 décembre 2020.

7. « Why is climate change a gender issue ? », *Policy Brief*, UN Women Fiji Multi-Country Office.

8. « Le mariage des enfants dans les situations de crise humanitaire », Girls Not Brides, août 2020.

Notes du chapitre 23, p. 162

1. « COP27: lack of women at negotiations raises concern », *BBC*, 16 novembre 2022.

2. Christelle Gilabert, *La Déferlante*, n° 9, février 2023, *op. cit.*

3. « La situation mondiale de l'alimentation et de l'agriculture 2010-2011. Le rôle des femmes dans l'agriculture. Combler le fossé entre les hommes et les femmes pour soutenir le développement », FAO, 2011.

4. *La Déferlante*, n° 9, février 2023, *op. cit.*

5. Programme de travail renforcé de Lima relatif au genre et son plan d'action en faveur de l'égalité des sexes, Convention-cadre des Nations unies sur les changements climatiques, 51e session, décision COP25, Madrid, du 2 au 9 décembre 2019.

6. *Costa Rica lanza programa financiero para mujeres que protegen los recursos naturales*, UNDP, 22 mai 2020.

7. *FOR ALL Coalition: For the Promotion of Gender Equality and Human Rights in the Environment Agreements*, note de concept de la coalition, par le gouvernement du Costa Rica, ONU Femmes et le Haut-Commissariat des Nations unies aux droits de l'Homme.

Notes du chapitre 24, p. 169

1. Virginia Roque Aguilar est lauréate 2023 de l'initiative Marianne, décrite au chapitre 11, p. 97.

2. *El Salvador takes historic step with national ban on mining projects*, Oxfam, 28 mars 2017.

3. « Salvador : quand l'incertitude exacerbe la violence contre les femmes », Swisspeace, 2018.

4. *Les Changements climatiques exacerbent la violence à l'égard des femmes et des filles*, Haut-commissariat aux droits de l'Homme, 12 juillet 2022.

5. Isabelle Mourgere, « Salvador : pénaliser l'avortement s'inscrit dans la violence féminicide », France 24, 20 août 2019.

6. Série documentaire de l'INA et du ministère de l'Europe et des Affaires étrangères « Un jour l'égalité ! », épisode 6 : Marie-Christina Kolo, 22 juin 2021.

7. Elvire Emptaz, « Marie-Christina Kolo, la révoltée de Madagascar », *Vanity Fair*, 7 octobre 2020.

8. « À Madagascar, Marie-Christina Kolo, l'insoumise, se bat pour les femmes et le climat », TV5 Monde, 12 mai 2021.

Notes du chapitre 25, p. 174

1. Françoise Blind-Kempinski, « Hindou Oumarou Ibrahim, née femme, Peule et activiste », *Les Échos*, 25 octobre 2021.

2. « Activists in Peru and Paraguay criminalized for defending the environment », *Amnesty International*, 26 avril 2018.

3. Jonatha Watts, « Almost four environmental defenders a week killed in 2017 », *The Guardian*, 2 février 2018.

4. Élisabeth Schneiter, « Meurtre de l'écologiste Berta Cáceres : la justice partiellement rendue », *Reporterre*, 8 juillet 2022.

Notes du chapitre 26, p. 179

1. *La Déferlante*, n° 9, février 2023, *op. cit.*

2. « Marshall Islands facing death row », *The Guam Daily Post*, 8 décembre 2019.

3. Philippe Ricard, « Mia Mottley, première ministre de la Barbade, une voix du Sud écoutée au Nord », *Le Monde*, 16 mars 2023.

4. « AgriFED : ONU Femmes et le Groupe BNP Paribas promeuvent l'autonomisation économique des femmes grâce à une agriculture résiliente au changement climatique », ONU Femmes Afrique, 10 novembre 2020.

5. « BNP Paribas s'associe au Forum Génération Égalité et poursuit le programme AgriFED initié avec HeForShe », BNP Paribas, 29 juin 2021.

6. Partenariat franco-canadien pour le climat et l'environnement, 2018.

Notes du chapitre 27, p. 185

1. www.c40.org/

2. https ://w4c.org/

Notes du chapitre 28, p. 190

1. Ce groupe régional comprend notamment les États-Unis, le Canada, la Nouvelle-Zélande, Israël et la Turquie.

2. « Family planning schemes must offer options other than abortion, says US », *The Guardian*, 14 novembre 2019.

Notes du chapitre 29, p. 197

1. « Security Council Open Debate: Sexual Violence in Conflict, avril 2019 », *PeaceWomen*, 23 avril 2019.

2. Faute d'une discussion officielle, le gouvernement américain a adressé une lettre publique au secrétaire général des Nations unies en décembre 2020, à l'occasion de la 75e session de l'Assemblée générale, appelant son attention sur la Déclaration de consensus de Genève.

Notes du chapitre 31, p. 209

1. Voir chapitre 14, p. 117.

2. Les pays sont le Bénin, le Burkina Faso, la Côte d'Ivoire, la Guinée, le Mali, la Mauritanie, le Niger, le Sénégal, le Togo et la République démocratique du Congo.

3. Voir chapitre 14, p. 118.

4. Le *care*, terme anglophone généralement traduit en français par « soin », est un concept qui se réfère à l'ensemble des soins apportés pour l'entretien et le maintien de la vie d'une personne dans leur dimension permanente et quotidienne. Les métiers du *care* sont les métiers du domaine médico-social, mais aussi ceux de la solidarité et de proximité. Ces métiers sont majoritairement féminins et mal rémunérés.

Notes du chapitre 32, p. 217

1. « Aide publique au développement pour l'autonomisation des femmes et l'égalité de genre : un aperçu », OCDE, 2023.

2. En volume, et non en pourcentage, les principaux financeurs de l'APD genrée sont l'Allemagne, les institutions de l'UE, le Japon, les États-Unis et la France.

3. *Putting finance to work for gender equality and women's empowerment: the way forward*, OCDE, 2020.

4. Co-fondé par la fondation Kering et la Fondation Agir contre l'exclusion (FACE), One in Three Women compte parmi ses membres Korian, L'Oréal,

BNP Paribas, Carrefour, la SNCF, le Fonds de solidarité Oui Care, Publicis, PwC France et Maghreb et l'EPNAK.

5. « Comment les violences conjugales impactent-elles le monde du travail ? », étude réalisée en 2019 par le réseau One in Three Women sur six entreprises membres du réseau européen auprès de 40 000 collaboratrices et collaborateurs.

6. Projet « Un pouvoir pour demain », en soutien à l'association Objectif France-Inde, soutenu en 2017-2019, site Internet de la fondation RAJA.

Notes du chapitre 33, p. 223

1. « Gender Bonds Haven't Been a Big Hit Globally, but a Japanese Bank May Change That », *PassBlue*, 6 décembre 2021.

2. Sanam Amin et Diyana Yahaya, « Gender Impact Investing & the Rise of False Solutions: An Analysis for Feminist Movements », rapport de l'ONG AWID (Association for Women's Rights in Development), janvier 2023.

3. *Bonds to bridge the gender gap: A practitioner's guide to using sustainable debt for gender equality*, ONU Femmes, 2021.

4. « Gender-impact investing and the rise of false solutions: An analysis for feminist mouvements », art. cit.

5. *Closing investment gap in global goals key to building better future*, site de la CNUCED (Conférence des Nations unies sur le commerce et le développement), 23 septembre 2022.

6. *Global Gender Gap Report 2022*, Forum économique mondial de Davos, 13 juillet 2022.

7. *The power of parity. How advancing women's equality can add 12 trillion dollars to global growth*, McKinsey Global Institute, septembre 2015

8. *The Case for Holistic Investment in Girls. Improving Lives, Realizing Potential, Benefitting Everyone*, Citi GPS : Global Perspectives and Solutions (étude conjointe de Citi Group et PLAN International), octobre 2020.

9. Paul Hawken, *Drawdown: The Most Comprehensive Plan Ever Proposed to Reverse Global Warming* (2017).

Notes de la conclusion, p. 231

1. *Rapport de la Génération Égalité sur la redevabilité 2022*, ONU Femmes, 2022.

2. *COVID-19 and gender equality: Countering the regressive effects*, McKinsey Global Institute, juillet 2020.

3. Jacqueline Hicks, *Global evidence on the prevalence and impact of online gender-based violence*, K4D Helpdesk Report, Institute of Development Studies, 2018.

4. *Online violence against women journalists: a global snapshot of incidence and impacts*, Unesco, 2020.

Glossaire

Aide publique au développement (APD)

L'aide publique au développement désigne « l'aide fournie par les États dans le but de promouvoir le développement économique et d'améliorer les conditions de vie dans les pays en développement », selon la définition de l'OCDE*. La liste des pays éligibles à l'APD est révisée tous les trois ans et comprend 141 États en 2021. Les 31 pays donateurs sont la plupart des États membres de l'UE, les États-Unis, le Canada, la Corée du Sud, l'Islande, le Japon, la Nouvelle-Zélande, la Norvège, la Suisse et le Royaume-Uni. Cette aide prend la forme de dons ou de prêts dans les secteurs de la santé, de l'éducation, des infrastructures, du climat, de l'assainissement, du renforcement de l'administration, entre autres.

Anti-droits, anti-choix

Les acteurs anti-droits ou anti-choix (qui constituent le « *backlash* ») sont des organisations non gouvernementales, des entreprises, des fondations et des partis politiques qui ont pour objectif de faire reculer les droits des femmes et des personnes LGBTQI, et qui s'organisent pour influencer les décisions politiques prises par les États au niveau national et international.

Assemblée générale des Nations unies

L'Assemblée générale des Nations unies est un des six organes de l'ONU. Elle rassemble les 193 États membres qui disposent chacun d'un vote. C'est un espace de discussion et de débats où les États élaborent les politiques internationales. Elle a un pouvoir exécutif pour voter le budget de l'ONU, la répartition des contributions entre États membres et l'entrée des nouveaux membres.

Commission de la condition de la femme (Commission on the Status of Women – CSW)

Fondée en 1946, la Commission de la condition de la femme est une commission du Conseil économique et social des Nations unies. Elle se réunit chaque année au mois de mars pendant deux semaines, sous l'égide d'ONU Femmes, pour évaluer les progrès en matière d'égalité des genres et proposer des mesures pour faire avancer les droits et l'autonomisation des femmes. Tous les États y participent, sauf exclusion décidée par l'Assemblée générale de l'ONU.

Conseil de sécurité des Nations unies

Le Conseil de sécurité des Nations unies est l'organe principal de l'ONU, chargé du maintien de la paix et de la sécurité internationale. Il est composé de 15 membres, dont cinq membres permanents (Chine, États-Unis, France, Royaume-Uni, Russie). Il peut imposer des sanctions ou autoriser des opérations de maintien de la paix. Tous les États membres des Nations unies sont tenus d'appliquer les résolutions adoptées par le Conseil.

Développement durable

Le développement durable est « un développement qui répond aux besoins du présent sans compromettre la capacité des générations futures à répondre aux leurs » (rapport Brundtland publié par l'ONU en 1987). Il s'appuie sur trois piliers : l'économique, l'écologique et le social. Un développement durable est donc économiquement efficace, socialement équitable et écologiquement soutenable.

Droits humains, droits de l'Homme

Les droits de l'Homme désignent les droits inaliénables de tous les êtres humains, sans distinction aucune, notamment de race, de sexe, de nationalité, d'origine ethnique, de langue, de religion ou de toute autre situation. Ces droits sont encadrés et protégés par un socle de normes universelles, constitué par la Charte universelle des droits de l'Homme.

L'expression « droits de l'Homme » est de plus en plus contestée lorsqu'elle ne renvoie pas au texte de la Charte en question, le masculin inclusif contribuant à invisibiliser les femmes. Le terme « droits humains » lui est préféré par de nombreuses institutions, comme le Haut Conseil à l'égalité, et les ONG. La plupart des pays voisins de la France utilisent un terme équivalent : *« human rights »* en anglais, *« Menschenrechte »* en allemand, *« derechos humanos* » en espagnol, « *diritti umani* » en italien. Au Canada, le terme est « droits de la personne humaine ».

Droits et santé sexuels et reproductifs

La santé sexuelle et reproductive est un « état de bien-être total sur le plan physique, mental et social, relativement à tous les aspects du système reproductif. Dans cet état, les personnes sont en mesure de profiter d'une vie sexuelle satisfaisante et sûre et ont la capacité de procréer et de décider si elles désirent le faire ou non, ainsi que quand et comment » (UNFPA). Pour accéder à cet état de santé reconnu par l'Organisation mondiale de la santé, toutes les personnes ont les droits suivants, qui constituent des droits humains fondamentaux : bénéficier du respect de leur intégrité corporelle, de leur vie privée et de leur autonomie personnelle ; définir librement leur propre sexualité, y compris leur orientation sexuelle, leur identité et leur expression de genre ; décider si et quand elles désirent être sexuellement actives ; choisir son ou ses partenaires sexuels ; décider si, quand et avec qui se marier ; décider si, quand et par quel moyen avoir un ou plusieurs enfants, et combien en avoir ; avoir accès à l'information, aux ressources, aux services et à l'accompagnement nécessaires à la réalisation de tout ce qui précède, sans discrimination, contrainte, exploitation ni violence.

Égalité de(s) genre(s), égalité des sexes, égalité femmes-hommes

L'égalité entre les femmes et les hommes ou égalité entre les sexes désigne l'égalité des droits et des chances entre les deux sexes, et notamment l'égalité d'accès aux opportunités, aux responsabilités et aux ressources, ainsi que l'absence de discrimination envers les femmes. Ce terme est utilisé par les institutions françaises, y compris dans leur titre (ministère en charge de l'Égalité entre les femmes et les hommes, Haut Conseil à l'égalité entre les femmes et les hommes). L'Objectif de développement durable n° 5 défini par l'ONU vise à « réaliser l'égalité des sexes et autonomiser toutes les femmes et les filles ».

L'égalité de genre ou égalité des genres se fonde sur la notion de genre, une notion sociologique qui se réfère aux différences que la société attribue aux femmes et aux hommes. Elle intègre la différence entre le sexe (« qui prend en compte les caractéristiques biologiques et physiologiques ») et le genre (« qui renvoie aux rôles déterminés socialement, aux comportements, aux activités et aux attributs qu'une société considère comme appropriés pour les hommes et les femmes, et qui ne correspond pas systématiquement au sexe »), d'après la distinction établie par l'OMS. L'égalité de genre prend en compte l'orientation sexuelle et l'identité de genre des personnes, ainsi que les normes sociales et les attentes liées au féminin et au masculin. Ce concept offre un cadre analytique et un instrument de recherche académique.

LGBTQI

Ce sigle désigne les personnes lesbiennes, gays, bisexuelles, transgenres, queer et intersexes.

Multilatéralisme

Le multilatéralisme est un mode d'organisation des relations internationales qui se fonde sur la nécessité d'un travail collectif et conjoint pour résoudre les différentes crises qu'affronte le monde : crise écologique, crise sanitaire, crise alimentaire, résolution des conflits. C'est une méthode d'action, qui part du constat de l'interdépendance des États face à ces crises et qui a vocation à préserver la paix et les biens publics ; cette méthode se situe à l'opposé de la loi du plus fort et requiert la coopération et la collaboration entre États. Elle repose sur le système des institutions internationales nées de la Seconde Guerre mondiale, dont la pierre angulaire est l'Organisation des Nations unies.

Objectifs de développement durable (ODD)

Les Objectifs de développement durable (ODD) ont été adoptés par les Nations unies en 2015 et constituent un horizon à atteindre pour 2030 afin de créer les conditions d'un monde meilleur et plus durable. Ils représentent une réponse aux défis globaux tels que la pauvreté, les inégalités, le réchauffement climatique et la perte de la biodiversité, la sécurité alimentaire, la santé. L'ODD n° 5 porte sur l'égalité des sexes et l'autonomisation des femmes et des filles. Tous les ODD sont interconnectés et interdépendants : agir sur un ODD impacte tous les autres ODD.

Les 17 Objectifs de développement durable sont les suivants : éradication de la pauvreté ; lutte contre la faim ; accès à la santé ; accès à une éducation de qualité ; égalité entre les sexes ; accès à l'eau salubre et à l'assainissement ; recours aux énergies renouvelables ; accès à des emplois décents ; bâtir une infrastructure résiliente ; promouvoir une industrialisation durable qui profite à tous et encourager l'innovation ; réduction des inégalités ; villes et communautés durables ; consommation et production responsables ; lutte contre le changement climatique ; vie aquatique ; vie terrestre ; justice et paix ; partenariats pour la réalisation des objectifs.

OCDE (Organisation de coopération et de développement économiques)

L'OCDE est une organisation internationale composée de 38 États. Ses membres sont des pays qui possèdent une économie de marché et un système démocratique, et dont le niveau de développement économique est élevé. Elle est spécialisée dans la production d'études, de rapports et de données statistiques dans le champ économique et social. Elle n'a pas de pouvoir normatif contraignant, mais les données qu'elle publie font référence pour la communauté internationale, surtout en matière de développement économique et durable.

ONU Femmes

ONU Femmes est l'agence des Nations unies en charge de l'égalité de sexes, de l'autonomisation et des droits des femmes. Cette agence onusienne créée en 2010 est la plus jeune. Sa directrice exécutive est nommée par le secrétaire général des Nations unies. La directrice exécutive actuelle est Sima Bahous.

« Sud » et « Nord »

Cette terminologie appliquée à la géopolitique et au développement distingue les États dits du « Nord » ou « Nord global », qui représentent les pays industrialisés et les plus avancés économiquement, des États dits du « Sud » ou « Sud global », autrefois désignés par les termes « pays en voie de développement » ou « Tiers Monde ». Cette classification est largement contestée, autant par les pays du Sud que par de nombreux chercheurs et institutions, en ce qu'elle opère une distinction obsolète et grossière entre des catégories qui recouvrent des catégories très disparates. Néanmoins, par facilité et par convention de langage, elle est encore utilisée par les acteurs internationaux.

UNFPA (Fonds des Nations unies pour la population et le développement)

L'UNFPA (anciennement FNUAP en français) est l'agence des Nations unies en charge de la santé sexuelle et reproductive. Créé en 1967, le Fonds est en charge de la planification familiale, de la santé maternelle et infantile, de la santé des personnes affectées par le VIH et des pratiques néfastes (mariages forcés et précoces, mutilations génitales). Il est présent dans 144 pays.

Violences fondées sur le genre, violences à l'égard des femmes

Dans la Déclaration des Nations unies sur l'élimination de la violence à l'égard des femmes, ce terme recouvre « tous actes de violence dirigés contre des femmes en tant que telles et causant ou pouvant causer aux femmes un préjudice ou des souffrances physiques, sexuelles ou psychologiques, y compris la menace de tels actes, la contrainte ou la privation arbitraire de liberté, que ce soit dans la vie publique ou dans la vie privée ». Selon ONU Femmes, ces violences recouvrent les violences domestiques, les féminicides, les violences sexuelles et sexistes, la traite des êtres humains, les mutilations génitales, le mariage des enfants et les violences en ligne.

Le terme « violences fondées sur le genre » (ou parfois « violences basées sur le genre ») prend acte du fait que des violences peuvent être commises spécifiquement en raison du genre d'une personne et des attributs que la société lui appose, que le genre ne se limite pas au sexe de naissance d'un individu, et qu'une personne née avec un sexe féminin ou masculin peut s'identifier autrement. Il couvre également le champ des violences à raison de l'orientation sexuelle et l'identité de genre que subissent les personnes LGBTQI. Le Conseil de l'Europe définit les violences fondées sur le genre comme « tout type d'acte préjudiciable perpétré contre une personne ou un groupe de personnes en raison de leur sexe, de leur genre, de leur orientation sexuelle et/ou de leur identité de genre, réels ou perçus. »

Bibliographie

Pour cet ouvrage qui se fonde sur mon expérience professionnelle et le récit d'un combat quotidien dont je suis observatrice et actrice, je n'ai pas fait usage d'une bibliographie académique. Les livres sur l'histoire de la lutte pour les droits des femmes et les essais féministes sont désormais nombreux dans les librairies et les bibliothèques. À défaut d'en dresser une liste qui ne pourrait prétendre à l'exhaustivité, j'ai choisi de partager avec les lectrices et les lecteurs quelques recommandations toutes personnelles et une liste indicative d'organisations de la société civile. Ces organisations sont mentionnées ici car je les ai connues dans le cadre de mes fonctions, et le ministère de l'Europe et des Affaires étrangères coopère avec certaines d'entre elles dans le cadre de notre diplomatie féministe. Elles ne représentent qu'une infime partie des ONG féministes françaises et internationales qui mènent ce combat.

Pour s'immerger dans la conférence mondiale de Pékin sur les femmes et en vivre le caractère historique, je recommande deux documentaires qui font la part belle aux récits de militantes qui y participèrent :

Makers : Once and For All (2015), documentaire de Michel Epstein et Dyllan McGee, disponible sur Vimeo.

Women's Rights are Human Rights. De Huairou à Pékin : la quatrième conférence mondiale sur les femmes (2021), documentaire d'Anaïs Feyeux, disponible sur la page YouTube du Forum Génération Égalité.

Pour comprendre toute l'étendue du *backlash*, ses réseaux et ses financements, je me réfère aux rapports extrêmement bien documentés du Forum parlementaire européen pour les droits sexuels et reproductifs :

Restaurer l'ordre naturel. La vision des extrémistes religieux pour mobiliser les sociétés européennes contre les droits humains en matière de sexualité et de reproduction (2018).

Les croisés modernes en Europe. Tradition, Famille et Propriété : analyse d'un réseau d'influence transnational ultra-conservateur d'inspiration catholique (2020).

La partie émergée de l'iceberg. Des financements issus de l'extrémisme religieux visent à faire reculer les droits humains en matière de santé sexuelle et reproductive en Europe 2009-2018 (2021).

Je recommande également le rapport du Conseil économique, social et environnemental dirigé par Véronique Séhier :

Droits sexuels et reproductifs en Europe : entre menaces et progrès (2019).

Think tanks spécialisés sur les enjeux de genre en géopolitique
International Center for Research on Women (États-Unis)
Feminist Foreign Policy Collaborative (États-Unis)
The Centre for Feminist Foreign Policy (Allemagne)
Institut du Genre en Géopolitique (France)
Focus 2030 (France)
Newsletter Impact publiée par Gloria Media

ONG féministes

À l'international : Femnet, Huairou Commission, Abaad, Outright International, WEDO (Women's Environment and Development Organization), Ipas, Marie Stopes International, Fòs Feminista, Réseau pour le droit et l'accès des femmes à l'avortement (RAWSA), Fundación para Estudio e Investigación de la Mujer (FEIM), Women for Women International, Plan International, Equality now, European Women's Lobby, Promundo, Malala Fund, Asia-Pacific Resource and Research Centre for Women (ARROW), Center for Reproductive Rights, International Planned Parenthood Federation, IWDA-International Women's Development Agency, CREA, Girls Not Brides, She Decides…

Basées en France avec une activité internationale : Equipop, CARE, La CLEF, CCFD-Terre Solidaire, Médecins du Monde, ONE, WECF France, Association d'aide à l'éducation de l'enfant handicapé, Les Orchidées Rouges, Action Santé Mondiale, Empow'her…

Fonds féministes

Global Fund for Women, FRIDA-The Young Feminist Fund, Mama Cash, African Women's Development Fund, Fonds pour les femmes en Méditerranée, Pacific Feminist Fund, Astrea, Equality Fund, Fonds de soutien aux organisations féministes, Urgent Action Fund For Women's Human Rights, XOESE-Le Fonds pour les Femmes francophones…

Fondations philanthropiques engagées pour l'égalité de genre

Aux États-Unis : Fondation Bill & Melinda Gates, Fondation Ford, Fondation Open Society, Fondation Global Greengrants, Fondation Susan Thompson Buffet, Fondation Ikea, Fondation Batonga…

Au Royaume-Uni : Children's Investment Fund Foundation

En France : Fondation Chanel, Fondation RAJA, Fondation L'Oréal, Fondation Kering…

Remerciements

Chère Nathalie, merci de m'avoir accompagnée avec finesse, intelligence et empathie du début jusqu'à la fin pour cette première aventure d'écriture, d'avoir répondu à toutes mes interrogations et enrichi ce travail.

Julie Hamaïde : *You rock, girl.* À toutes nos rencontres quasi hebdomadaires, nos conversations sans fin, ta relecture bienveillante et enthousiaste qui m'a donné du cœur à l'ouvrage, tes conseils pleins de lucidité et de générosité mêlées, et ta présence constante. Merci d'être là, toujours.

Merci à Sophie Chassot qui a relu patiemment le manuscrit et apporté son expertise affûtée, et à Margaux Bonnet d'avoir échangé avec moi tout au long de l'écriture, en parallèle de notre cours à Sciences Po. Merci aussi à mon équipe du Forum Génération Égalité : Benjamin, Margaux, Sophie, Julie, Carole, Mallaury, Prune, Kenza, Valentine, Anaïs, Ariane, Charlotte, Dimitri, Guillaume, Thibault et tant d'autres qui ont tenu jusqu'au bout pour faire advenir cette belle aventure. Merci aux collègues du ministère de l'Europe et des Affaires étrangères, en particulier ceux de la sous-direction du Développement humain, qui m'ont appris tant de choses en quatre ans et qui pratiquent la diplomatie féministe comme sport de combat au quotidien.

À Joachim, qui partage la responsabilité de l'existence de ce livre avec mon père. Merci de m'avoir soutenue, encouragée, « fouettée » pour que j'écrive ce livre. Je sais que tu es là tous les jours, à chaque instant, pour moi et pour nous. Je t'aime.

Ma Capucine, mon écureuil, ma joie, mon bonheur. Féministe *in utero*, tu es née six jours après le Forum Génération Égalité. Rien ni personne ne t'empêchera d'être libre.

Table

Réalisation : Nord Compo à Villeneuve-d'Ascq
Impression : Corlet Imprimeur à Condé-en-Normandie
Dépôt légal : octobre 2023
ISBN : 979-10-210-5847-7
Numéro d'édition : 4960
N° d'impression : 23070061
Imprimé en France